Laura Vaioli

¡HOLA, SÓCRATES!
LA FILOSOFÍA EXPLICADA A LOS NIÑOS

Traducción de Marta Gil Santacana

Duomo ediciones

Maquetación y adaptación de cubierta: Endoradisseny

Título original: *Ciao Socrate! La filosofia raccontata ai ragazzi*
© 2020, Adriano Salani Editore Surl
© 2022, Marta Gil Santacana, por la traducción

ISBN: 978-84-18538-80-3
Código IBIC: YB
Depósito legal: B 1.286-2022

© de esta edición, 2022 por Antonio Vallardi Editore S.u.r.l., Milán
Primera edición: junio de 2022
Duomo ediciones es un sello de Antonio Vallardi Editore S.u.r.l.
www.duomoediciones.com

Gruppo editoriale Mauri Spagnol S.p.A.
www.maurispagnol.it

Impreso en Grafostil, Serbia

PRÓLOGO

de ALESSIA GAZZOLA

Cuando estudiaba filosofía en el instituto, lo admito, solo la entendía en parte. Y eso se debe al hecho de que no sabía hasta qué punto y cómo se podía aplicar a la vida real, a la de todos los días. Veinte años después, muchos de los conceptos clave de la filosofía humanística y científica seguían siendo para mí un absoluto misterio, aunque para ser justa tengo que mencionar aquí a un profesor que tuve de Medicina Legal que nos mandó estudiar el *Discurso del método* de Descartes porque en su opinión era indispensable para aprender a razonar como un médico forense. Bueno, la verdad es que también tenía cierta fijación con Karl Popper y su principio de falsabilidad, que a pesar suyo acabó citado en mi tesis de posgrado. Lo que quiero decir con esto es que mi interés por la filosofía permaneció silente hasta que un día por casualidad conocí a Laura Vaioli, que me habló de la ley moral que llevaba dentro y del cielo estrellado que me cubría. En otras palabras, me descubrió no solo la poesía inherente a la filosofía sino también la manera más agradable de entrar en contacto con los grandes pensadores. Integrándolos en mi vida, utilizando su pensamiento para dar sentido a mi día a día y mejorarlo.

Así que le pregunté: **«¿Alguna vez has pensado en escribir un libro que permita acercar la filosofía a las personas?».** Y en especial a los jóvenes, teniendo en cuenta que Laura es también una ilustradora divertida y de gran talento.

Cuando eres mayor es distinto. Porque si no la has estudiado bien antes tienes la sensación de estar en un terreno pantanoso cuya naturaleza parece poco clara, pero que en realidad está muy bien definida: te faltan las herramientas precisas para estructurar el pensamiento. Es verdad que nunca es tarde, pero ¿por qué no intentar llegar a los niños con el lenguaje adecuado y con una imagen fresca y atractiva? Dos años después de sugerirle la idea, el libro de Laura Vaioli se ha hecho realidad. Yo tengo el honor de ser su «madrina» y solo me queda dejaros con ella. Seguro que sabrá cómo conseguir que la filosofía entre en la vida de vuestros hijos y —¿por qué no?— también en la vuestra, y sea bienvenida.

De los libros... a la vida cotidiana

★ ¿QUÉ HACE **UN FILÓSOFO?**

Quiero ser filósofa.

En este libro encontraréis una introducción muy colorida al pensamiento de veinte filósofos de entre los más importantes que jamás hayan existido. En realidad, los filósofos que han pasado por nuestro mundo son muchos más de veinte, así que esta no es más que una pequeña selección.

Todos sabemos que un profesor enseña, que un pintor pinta, que un carpintero trabaja la madera y que un cocinero prepara comidas deliciosas.

Así que la pregunta surge de manera espontánea: y un filósofo... ¿qué hace?

Si se lo preguntáramos a muchos niños, la mayor parte de ellos respondería: «¡PIENSA!».

Y así es, un filósofo es un pensador, pero todos los seres humanos (¡quien más, quien menos!) piensan... La diferencia no radica en el mero hecho de pensar (¡de no ser así todos seríamos filósofos!), sino en la manera en la que se piensa.

Hemos intentado especificar más qué es lo que piensa un filósofo y sobre todo cómo piensa y hemos dado con una margarita de tres pétalos.

✿ PRIMER PÉTALO
UN FILÓSOFO PIENSA EN COSAS ABSTRACTAS

¿Y eso qué es? Veamos unos ejemplos: el paso del tiempo, la naturaleza del alma, el funcionamiento del conocimiento, el principio del bien, la justicia, la esencia de la vida, la política, la naturaleza humana.

Quizá pueda pensar en esto mientras prepara unos espagueti o pone una lavadora... pero su

mente busca respuestas a preguntas abstractas, no a cuestiones concretas. Aunque eso no quiere decir que las respuestas que el filósofo encuentra no sirvan para la vida diaria. ¡Ya lo veréis en este libro!

✿ SEGUNDO PÉTALO
UN FILÓSOFO PIENSA CON MUCHA DEDICACIÓN Y PROFUNDIDAD

No hay ningún lugar específico para pensar en las cosas abstractas. Por ejemplo, podemos pensar en la parada del autobús, en la escuela, en la piscina, en la pista de patinaje, en Nueva York o desde las alturas del campanario de Florencia. Pero un filósofo no se limita a dejar fluir los pensamientos.

Él desea llegar al fondo de la cuestión y aún un poco más al fondo e incluso un poco más al fondo.

Está dispuesto a renunciar a muchas actividades para concentrarse en sus pensamientos complejos y por eso a menudo parece distraído: su mente siempre está buscando respuestas a las preguntas más profundas de la existencia.

✿ TERCER PÉTALO
UN FILÓSOFO ESTRUCTURA EL PENSAMIENTO EN UNA TEORÍA

Una teoría es un sistema organizado de información que sigue un esquema lógico, lo que significa que todo el mundo puede reconocerlo como válido. Pongamos un ejemplo fácil pensando en un juego de construcción: el filósofo no se contenta con jugar a ensamblar las piezas dejando rienda suelta a la fantasía, sino que quiere realizar un proyecto completo, y describir en detalle el proceso de construcción para que cualquiera pueda volver a montarlo en cualquier parte del mundo incluso después de que haya transcurrido mucho tiempo.

Un filósofo quiere dejar un «modelo» de su propio pensamiento.

Ahora estáis listos para leer qué es lo que han pensado estos veinte nuevos amigos, para te-ner la planta de la filosofía en la mesita de no-che y verla crecer cerca cada día de vuestra vida.

¡Buenas noches!

Uy, perdón, no quería acabar con este deseo :-)

¡Buena lectura, chicos!

Abstracción   Dedicación   Teoría

¡HOLA, SÓCRATES!

LA FILOSOFÍA EXPLICADA A LOS NIÑOS

CUIDADO CON
SOCRATINA

¿LAS PREGUNTAS PROFUNDAS SON MOLESTAS?

¡Billy y Leda no podían creer lo que veían sus ojos! Acababan de presenciar cómo Miguel se acercaba a la mochila de Rebeca y le cogía las cartas de Pokémon.

Algo terrible, muy muy feo.

Estaban hablando de ello en el jardín, cuando escucharon a sus espaldas la voz de una niña desconocida que decía:

—¡Pues sí, robar está mal!

Billy se giró y respondió:

—¡Sí, claro, el que roba siempre es malo!

Entonces ella se acercó y les preguntó:

—¿Qué es la maldad?

En esta ocasión, fue Leda quien respondió:

—Es hacer daño a alguien por su propio interés, y hacerlo a propósito.

—Tenéis razón. ¿Y creéis que es posible que alguna vez alguien robe sin hacer algo malo?

Y Billy contestó:

—¡Por supuesto que no! Pero ¿se puede saber quién eres?

Ella continuó:

—Imaginemos que alguien roba algo que podría hacer daño a quien lo posee, como un cuchillo a un niño...

—Sí —dijo Leda—, en este caso, haciendo el mal estaría haciendo el bien. Pero ¿qué tiene que ver eso?

La niña misteriosa dijo:

—Supongamos que vuestro compañero que ha robado las cartas hubiera oído a la maestra decir que revisaría las mochilas y castigaría a quien las tuviera: ¿en este caso también se podría decir que es malo?

Billy y Leda no habían pensado en ello. Esa niña era insoportable, hacía pensar en cosas en las que no se suele pensar. La vieron alejarse y Billy le preguntó de nuevo:

—Eh, ¿al menos puedes decirnos quién eres?

—Me llamo Socratina. ¡Soy insoportable como un mosquito pero útil como una abeja! ¡Tratad de no contentaros nunca con la primera cosa que os venga a la cabeza! ¡Adiós, chicos!

SÓCRATES es el filósofo que inspira esta historia. Nacido en Grecia, Atenas, en el siglo V a. C., dedicó toda su vida a estimular a las personas, sobre todo a los jóvenes, a mantener siempre activo el sentido crítico. Cualquiera que hablara con él descubría que a menudo las cosas que daba por sentadas no eran del todo ciertas y que en lugar de empecinarnos en las propias convicciones no deberíamos dejar nunca de aprender.

★ ¿QUÉ ES **LA SABIDURÍA**? ★

Sócrates tuvo una idea revolucionaria.
Le preguntaron:
—¿Quién es sabio?
Y él respondió:

**SABIO
=
EL QUE SABE
QUE NO
SABE**

El que sabe que no sabe
sigue buscando…
¡El que se detiene
está perdido!

¿Has estudiado?

¡No!
Solo sé que no
sé nada…

Es ignorancia consciente.

¡ALGUNAS PREGUNTAS SOBRE LAS PREGUNTAS!

★ ¿Alguna vez te has sentido en apuros ante una pregunta incómoda?

★ ¿Te ha ocurrido alguna vez que una pregunta te haya hecho darte cuenta de algo?

★ ¿Te sientes cómodo cuando pides a tus amigos que se expliquen mejor?

PREGUNTA CLAVE

★ ¿Qué haces para conocerte a ti mismo?

★ ¿QUÉ ES **LA PREGUNTA?** ★

Sócrates conocía un método infalible
para hacer razonar a las personas: el diálogo.

★ FILO**POESÍA** ★

Conocerse a sí mismo
es muy gratificante:
requiere un esfuerzo,
pero puede ser apasionante
encontrar algún momento
y preguntarse «¿Quién soy?»,
escucharnos por dentro,
escapar del ruido de hoy.

Conocerse a sí mismo
significa escuchar
(en el fondo preguntar
es como respirar).
Y cuando sientes
tu profundidad
hacer lo justo
trae felicidad.

DIÁLOGO
=
DOS PERSONAS
QUE HABLAN
POR TURNOS
=
DOS PENSAMIENTOS
QUE SE ALTERNAN

Preguntar significa
entregar a alguien
nuestra petición.

¿Cómo estás?

¡OH!

La pregunta es una cosa
muy personal. ¡Es un regalo
en tus manos!

¿QUÉ ES LO QUE **ESTÁ BIEN?**

CREER EN LOS PROPIOS VALORES

A Felipe le gustaba aprender, pero no leía ningún libro. Prefería hablar con las personas, preguntar y pedir aclaraciones.

Su maestra insistía en que leyera y escribiera como los demás niños y niñas y un día lo castigó porque en lugar de entregar una tarea escrita quería sí o sí plantear una pregunta oral para debatirla con sus compañeros y compañeras.

Ese mismo día en el teatro de la escuela había una fiesta y los amigos de Felipe querían que él también asistiera.

Así que entraron en clase y le dijeron:

—Tenemos un plan... ¡Mirko está distrayendo a la maestra, si sales ahora no se dará cuenta! A lo que él respondió:

—Chicos, sois fantásticos... pero he decidido que no me voy a escapar. Creo que tengo razón y me gustaría que la maestra entendiera que se puede aprender también dialogando, y no solo leyendo y escribiendo. Cuando hablo con una persona me siento más estimulado y estoy muy atento y abierto a todo... No me voy a escapar porque prefiero sufrir una injusticia antes que cometerla. Y no es que tenga miedo de la maestra, no, sino que he elegido llevar mis ideas a las últimas consecuencias. ¡Id a divertiros! Yo me quedo aquí.

Mis valores
son mi guía.

Anticonformismo
inteligente
=
Tener opiniones
personales
que defender

PARA ESTIMULAR A LAS PERSONAS A PENSAR, SÓCRATES USABA LAS PREGUNTAS DE UNA MANERA MUY INGENIOSA. ¡AHORA ES TU TURNO!

¡IMPORTUNA A UN ADULTO CON EL MÉTODO SOCRÁTICO!

1 Espera a que alguien diga una frase con la palabra **siempre** o **nunca**. Por ejemplo:

¡LOS QUE LLEGAN TARDE SON SIEMPRE UNOS MALEDUCADOS!

2 Ponte una túnica como un griego antiguo y hazle estas preguntas: «¿Qué significa ser **maleducado**? ¿Puede ocurrir que una persona llegue tarde y no sea **maleducada**? ¿Por ejemplo, si pierde el tiempo ayudando a alguien que lo necesita?».

3 Ayúdalo a sacar conclusiones. ¿Su conclusión era precipitada?

¡Sócrates se comparaba a sí mismo con un tábano porque hacía preguntas molestas!

¿VES A LOS ADULTOS CÓMO ENTRAN EN CRISIS?

¡MISIÓN CUMPLIDA!

PLATO
Y EL WIFI

¡EN LAS PLANTAS DE ARRIBA TODO ES MEJOR!

Plato se paseaba por las distintas plantas del hotel, en el mar, con la tableta en la mano.

Le habían prometido que había wifi y la verdad es que en su habitación la señal llegaba débil y mal.

Descubrió que habían colocado el rúter en la cuarta planta, en el restaurante Hiperuranio.

¡Está bien saberlo! Cuando se acercaba al rúter, la línea era excelente; la señal, perfecta. Cuando volvía a su habitación, en cambio, el wifi iba y venía.

Cuanto más subía, más se acercaba a la perfección; cuanto más bajaba, más se perdía la señal.

No se podía decir que no llegara en absoluto, la verdad, pero no tenía nada que ver con la perfección de la señal en la cuarta planta.

Desgraciadamente para Plato, justo esos días comenzaron los trabajos de reforma e ir al Hiperuranio resultaba imposible. No le quedaba otra que conformarse con la señal imperfecta que llegaba a su habitación e intentar recordar todos los detalles posibles de lo que había visto allí arriba.

PLATÓN, el filósofo que inspira nuestra historia, fue alumno de Sócrates. Nacido en Atenas en el año 428 a. C., difundió el pensamiento de Sócrates (junto con el suyo) en varios libros preciosos escritos en forma de diálogo, en los que el protagonista siempre es Sócrates, que discute con otros personajes y les enseña a reflexionar sobre las cosas importantes de la vida.

Platón creía que el alma era inmortal y que entre una vida y la otra iba a un lugar en el cielo, llamado Hiperuranio, donde absorbía la perfección de las ideas. Cada persona, para llegar al conocimiento, tenía que recordar lo que su propia alma había visto en el Hiperuranio antes de nacer.

★ ¿QUÉ ES **UNA IDEA**? ★

¡He tenido una idea! ¿Vamos a la piscina?

¡Vale! ¡Pero no es una idea platónica!

Llamamos ideas a los pensamientos que nos vienen a la mente... Para Platón, en cambio

IDEA
=
LAS COSAS PERFECTAS QUE NUESTRA
ALMA
HA VISTO EN EL HIPERURANIO

La realidad en la que vivimos está hecha de las copias imperfectas de las ideas. Para Platón el alma es inmortal y después de la muerte pasa a otra persona.

¿TE SUENA DE ALGO?

★ ¿Alguna vez has tenido la sensación de saber algo antes de que te lo enseñaran?

★ ¿Te convence la teoría de que el alma, después de la muerte, vuelve a otra vida?

★ ¿Cómo te imaginas el Hiperuranio?

PREGUNTA CLAVE

★ ¿A veces sientes el deseo de conocer las cosas a la perfección?

★ ¿QUÉ ES **UNA IDEA**? ★

★ FILO**POESÍA** ★

Antes de nacer en un tiempo lejano
a las almas les gustaba ir de la mano,
contemplando el bien primario
en el mundo perfecto del Hiperuranio.

Solo había pureza, precisión y sabiduría,
el amor al conocimiento sobresalía.
Luego, tras nacer y correr por el mundo,
las almas anhelan el bien profundo.

¡El único modo de llegar a un acuerdo
es del Hiperuranio encontrar el recuerdo!

CONOCER = RECORDAR

¡REFLEXIONEMOS!

**Hay perros pequeños y perros gigantes, pero cuando ves uno inmediatamente piensas: «¡Es un perro!».
Incluso un niño muy pequeño reconoce un perro sin ninguna dificultad.**

A pesar de que...

LA IDEA DEL PERRO NO ESTÁ EN LA REALIDAD

**De hecho, el perro perfecto no existe.
(¡Bueno, solo el tuyo, si tienes uno!).**

**Todos los que ves aquí son perros.
Pero ¿cuál es la idea perfecta de la *perrunidad*?**

¡GUAU!

La idea perfecta no existe en la tierra, está en el Hiperuranio.

¿QUÉ ES **EL ALMA?**

LOS PERROS SALCHICHA DE JESSICA

Cuando sacaba a pasear a sus dos perros salchicha, Jessica pensaba en las cosas importantes. Uno de los perros salchicha era negro y el otro, blanco; por eso, los llamaba Black y White.

Ese día paseando con ellos pensó que quería aprender correctamente inglés para ir a visitar a una amiga que se había mudado a Londres. Faltaban pocos días para julio y tendría que estudiar mucho.

Pero justo esa mañana recibió la llamada de su prima, que le proponía ir de *camping*. ¡Su prima era un auténtico fenómeno! Con ella, la diversión estaba asegurada.

La pena era que no tenía suficiente tiempo para hacer las dos cosas.

Absorta en sus pensamientos, de repente sintió una sacudida y vio que los dos perros salchicha iban en direcciones opuestas. Black parecía ingobernable, tiraba muy fuerte de la correa. White estaba más tranquilo, pero tampoco aflojaba.

«¡Vaya! ¡Así es exactamente como yo me siento! —pensó—. ¡White me dice que estudie inglés y Black, en cambio, me sugiere que me divierta al máximo desde el primer momento! ¿Qué debo hacer?». Ese pensamiento le encantó, empezó a ver cada elección como una disyuntiva **entre algo que te hace sentir satisfecho y algo que te hace sentir bien en el acto.**

Luego pensó que quien tenía que decidir hacia dónde ir era ella, no ellos. Estudió inglés en julio y se fue de *camping* en septiembre.

Estaba feliz de tener a sus dos perros salchicha.

Yo soy la que elijo.

A diferencia de Jessica, Platón no hablaba de perros salchicha sino de caballos.

EL ALMA = UN CARRO ALADO
SE DIVIDE EN TRES PARTES:
1. UN CONDUCTOR
2. UN CABALLO BLANCO
3. UN CABALLO NEGRO

Alma = el aire que da vida al cuerpo, el principio de la vida.

CADA VEZ QUE TE SIENTAS ATRAPADO ENTRE DOS POSIBILIDADES Y NO SEPAS QUÉ ELEGIR...

¡TOMA UNA DECISIÓN CON LA AYUDA DEL CARRO ALADO DE PLATÓN!

alto = Hiperuranio

AURIGA = ¡YO SOY QUIEN LO LLEVO!

CABALLO BLANCO = ¿QUÉ ES LO QUE ME CONVIENE?

CABALLO NEGRO = ¿QUÉ ES LO QUE MÁS DESEO?

bajo = Tierra

¿SIENTES CÓMO TIRAN LOS DOS CABALLOS?

¡HAZ LO QUE PARA TI SEA CORRECTO!

ARISTELA CIENTÍFICA

¡A VECES TENEMOS CAPACIDADES FUERA DE LO COMÚN!

La familia de Aristela era muy numerosa. Cuando la madre planchaba siempre había un montón de ropa por repartir y esa tarea correspondía a los niños.

Aquella era la primera vez que le tocaba a Aristela.

Al quedarse sola con toda la ropa planchada, la niña pensó que lo primero que podía hacer era separarla por colores. Hizo montoncitos y agrupó toda la ropa negra, toda la blanca, toda la de tonos rojos y toda la multicolor.

Pero cuando le enseñó a su madre lo que había hecho, esta le dijo:

—¡No tienes que separar la ropa por colores!

Aristela entonces deshizo los montoncitos que tenía hechos y empezó de nuevo. Puso por un lado todas las camisetas, por el otro todos los pantalones, luego toda la ropa interior y por último todos los calcetines.

—¡Uy, no, no! —exclamó su madre—. ¡No hace falta que lo separes todo por el tipo de ropa!

Así que Aristela deshizo una vez más todos los montoncitos y, tocando la ropa, se dio cuenta de que había dos clases de tejido, por lo que decidió poner en un lado la ropa de algodón y en el otro la ropa de deporte, confeccionada con licra brillante.

Su madre, al verlo, decidió tomar cartas en el asunto:

—¡Déjalo ya, Aristela! Simplemente tenías que separarla por miembros de la familia. ¡Pasas más tiempo tú clasificando que yo planchando! ¡Tienes una mente demasiado científica para las tareas de la casa, ve a estudiar!

—Está bien —respondió ella—, pero la verdad es que me he divertido. Yo observo y, cuando veo similitudes, no puedo evitar clasificarlo todo. Y ahora, mamá, desnúdate, que necesito tonos rojos...

¡Esa fue la primera y última vez que Aristela hizo de ayudante!

ARISTÓTELES, el filósofo que inspira esta historia, nació en Estagira, Grecia, en el año 384 a. C. y fue discípulo de Platón. A diferencia de su maestro, él creía que las ideas que nos permiten comprender las cosas no se encuentran en el Hiperuranio sino que al nacer ya están presentes en nuestra mente. Aristóteles hizo una contribución importantísima al desarrollo de la ciencia porque fue el primero en clasificar todos los seres vivos según sus características. Creía que para ser realmente felices debíamos trabajar para cumplir nuestra «misión» y convertirnos en la máxima expresión de nosotros mismos sin excedernos en nada, rodeándonos siempre de buenos amigos.

★ ¿QUÉ ES **LA LÓGICA?** ★

Aristóteles inventó la lógica. Usamos esta palabra a menudo, pero ¿qué significa?

> Mira cómo tienes la habitación... ¡Está superdesordenada!

> Mamá, he aplicado mi orden... ¡He puesto sobre la alfombra las cosas que empiezan por la letra S!

LÓGICA
=
ARTE DE RAZONAR. USAR EL RAZONAMIENTO Y NO LAS EMOCIONES

El orden es el criterio con el que disponemos las cosas en el espacio... ¡También en el espacio que hay en nuestra mente!

¡VAYAMOS POR ORDEN!

★ ¿Alguna vez has tenido la sensación de percibir algo que nadie había visto?

★ Según tu opinión, ¿eres ordenado o desordenado?

★ ¿Te gusta clasificar tus juguetes por características similares?

PREGUNTA CLAVE

★ ¿Observas con atención las cosas que te rodean?

★ ¿QUÉ ES **LA CLASIFICACIÓN?** ★

Un sistema es un conjunto de cosas con características similares... ¡que están bien juntas!

CLASIFICAR
=
SUBDIVIDIR
SEGÚN LAS
SEMEJANZAS

★ FILOPOESÍA ★

Observar es el primer paso
de un viaje fascinante:
fijándote en los detalles
puedes encontrar algo semejante
y por familias agrupar
todo lo que es similar,
sin perder de vista
lo que une a toda la lista.

Aristóteles nos enseñó
cómo era de importante
recorrer con paciencia
el camino de la ciencia
y a reconocer con cuidado
y con racionalidad
¡que lo que es lógico y ordenado
tiene garantía de calidad!

Además de las cosas también se pueden clasificar las acciones. ¿Cuáles van primero y son causas? ¿Cuáles van después y son consecuencias?

Causa:
Si empujo estos bloques, caerán todos...

Cada uno causa la caída del otro.
La causa genera las consecuencias.

ORDENAR
LAS ACCIONES
=
ENTENDER CUÁL
ES LA CAUSA

¿QUÉ ES **EL JUSTO MEDIO?**

¡AYUDADME! ¿CUÁNTOS PAQUETES COMPRO?

Por Navidad, Dani había recibido 20 euros de regalo de su tío. ¡Su primer impulso fue comprar cromos! Se moría de ganas de ir al quiosco, con 20 euros seguro que conseguía muchos cromos de los que le faltaban. Estaba tan emocionado que se gastó todo el dinero que llevaba. Esa misma tarde, descubrió un videojuego fantástico, pero ya no le quedaba dinero, y se arrepintió de no haberse guardado al menos una parte del regalo para un imprevisto.

Así que fue a visitar a su tío y le dijo:

—Me he equivocado, lo siento mucho.

Al oírlo, su tío le preguntó:

—¿En qué te has equivocado, exactamente?

—No pensé que quizá luego querría otras cosas.

El tío dijo que tenía razón, pero lo animó a reflexionar también sobre otro aspecto. Cuando buscamos la satisfacción inmediata creemos ser felices, pero este tipo de felicidad se desvanece rápidamente. En cambio, hay otro tipo de felicidad, mucho más duradera, y es la que experimentamos cuando nos esforzamos para ser mejores personas y llevar a cabo nuestros proyectos.

—Entonces, tío, ¿qué debería haber comprado?

—Podrías haberte comprado algunos cromos y ahorrar parte del dinero, ya fuera para el videojuego, o para algo aún mejor, algo que te estimulara a reflexionar, a pensar y a crecer. ¡O para ir a comer una *pizza* con tus amigos y divertirte con ellos, no a través de una pantalla!

Dani pensó que su tío quizá tenía razón: ¡al final, encontrar un punto medio y no excederse era siempre la mejor solución!

¡No nos pasemos!

felicidad = equilibrio

ARISTÓTELES SOSTENÍA QUE LA FELICIDAD SE ALCANZABA TRABAJANDO PARA ENCONTRAR EL JUSTO MEDIO.

¿QUIERES SER MÁS FELIZ BUSCANDO EL EQUILIBRIO ENTRE LOS EXTREMOS?

¡PESA TUS SUPERPODERES CON LA BALANZA DEL JUSTO MEDIO DE ARISTÓTELES!

¿Cómo te sientes?

1	imprudente	valiente	temeroso
2	descarado	sociable	tímido
3	derrochador	previsor	avaro
4	vanidoso	modesto	inseguro

↑
columna
del equilibrio

¿HAS HECHO ALGO EQUILIBRADO HOY?

¡BIEN HECHO!

LOS OPUESTOS
SON COMPLEMENTARIOS

COMO EL DÍA Y LA NOCHE

Marco es un niño dormilón. Por la noche no tiene problemas para acostarse temprano. Cuando empieza a estar cansado solo desea tumbarse a leer un buen libro y abandonarse al sueño.

Cada noche cierra los ojos cuando está todo oscuro y al despertarse por la mañana ya es de día y luce el sol. ¡Marco cree que la noche y el día son dos cosas opuestas porque cuando es de noche no es de día y cuando es de día no es de noche!

Una tarde de junio los padres de Marco deciden llevarlo a Roma a ver un macroconcierto en un estadio y Marco está muy emocionado con el plan.

El concierto es impresionante y, cuando acaba, toda la familia sube al coche para volver a Florencia: les esperan unas tres horas de viaje.

Por desgracia, encuentran una gran caravana porque ha habido un accidente y las horas de coche terminan siendo cinco. Marco está demasiado excitado para dormir y mira por la ventana. En un momento dado, se da cuenta de algo que nunca antes se había planteado: la noche deja paso al día poco a poco. ¡No es como cuando se enciende la luz en la habitación! El paso de una a otro es gradual y hay un momento precioso en el que se llega a un punto medio en el que tanto es de día como de noche al mismo tiempo.

Durante ese viaje, Marco comprende que los opuestos se tocan, se mezclan y derivan los unos de los otros.

LAO TSE es el filósofo chino que inspira esta historia. Se cree que vivió en el siglo VI a. C. Lao Tse fundó su filosofía pensando que los opuestos son complementarios para dar vida al equilibrio. El ser humano debe aprender a vivir en total armonía con la naturaleza, escuchando el momento presente gracias a la meditación. Escribió un libro que se hizo famosísimo: *Tao Te Ching*. Está considerado el fundador del taoísmo.

★ ¿QUÉ ES **LA MEDITACIÓN?** ★

¡Vamos, despiértate!

¡Estoy meditando!

MEDITAR
=
DETENER LOS PENSAMIENTOS Y DISFRUTAR DEL MOMENTO PRESENTE COMO MEDIO DE CURACIÓN

MEDITAR y MEDICAR derivan de la misma palabra.

PREGUNTAS PARA MEDITAR

★ ¿Alguna vez sientes la necesidad de parar y vaciar la mente?

★ ¿Eres capaz de cerrar los ojos y estar unos minutos concentrado solo en lo que escuchas?

★ ¿Alguna vez has comido con los ojos cerrados para saborear mejor algún alimento?

PREGUNTA CLAVE

★ ¿Te sientes en comunión con la naturaleza que te rodea?

¿QUÉ SON
★ LOS OPUESTOS COMPLEMENTARIOS? ★

★ FILOPOESÍA ★

No hay un punto
exactamente
donde el cuerpo
se convierta en mente,
donde la noche
amanezca en día
y la realidad
se funda con la fantasía.

Todas las cosas
que parecen opuestas
son en realidad
compuestas:
una y otra se suman
en un todo completo
porque cada blanco
tiene su negro perfecto.

Son complementarias
dos cosas que sumadas
forman un conjunto entero.
Ejemplo: ¡el día + la noche
son complementarios porque componen
nuestra jornada de 24 horas!

Lao Tse afirmaba que todos
los opuestos son complementarios
y que no existe nada que esté hecho solo
de un elemento sin su propio opuesto.
Eso incluye la bondad y la maldad.
¡El blanco y el negro contienen también
una parte del color opuesto para dar vida
a un todo perfecto!
Este dibujo, llamado *tao*,
representa este concepto.

En la noche, el día

En el día, la noche

¿QUÉ ES **EL TAO?**

★ ## VAYAMOS MÁS ALLÁ DE LOS BUENOS Y LOS MALOS ★

Luisa se esforzaba mucho por ser buena tanto en la escuela como con los compañeros y compañeras. En su clase, en cambio, había niños terribles (según ella) que no tenían ni la menor idea de lo que era el altruismo. Luisa, a escondidas de todo el mundo, tenía una lista en la que escribía los nombres de los superbuenos y de los supermalos y cada vez la actualizaba con ejemplos de buen y mal comportamiento. Una vez vio a Elisa, que estaba claramente entre los malos, golpear con la mochila a un niño de primaria: todos los cromos que el niño tenía en la mano cayeron al suelo. Luisa esperaba que Elisa, como de costumbre, estallara en una gran carcajada y dijera algo ofensivo al niño, pero en esa ocasión, en cambio, se aga-

chó a recoger todos los cromos, le sonrió y lo acompañó a su clase.

Sorprendida, Luisa intentó averiguar si había alguien con quien Elisa quisiera quedar bien, pero, aparte de ella, que la observaba a hurtadillas, nadie más había presenciado la escena. Fue a preguntar al niño si era pariente o amigo de Elisa... y él respondió que nunca la había visto.

A Luisa la desconcertó mucho este episodio, así que volvió a casa y se tomó un tiempo para ordenar sus pensamientos. Luego, consciente de lo que hacía, tiró la lista a la chimenea.

No hay nadie que sea únicamente bueno o únicamente malo. En cada uno de nosotros hay un poco de todo.

TAO
=
CAMINO, MOVIMIENTO, FLUJO, FUERZA QUE FLUYE POR TODA LA MATERIA DEL UNIVERSO

El tao une en la diversidad fusionando todas nuestras naturalezas en armonía con el universo.

ESCUCHA LAS FUERZAS COMPLEMENTARIAS CON EL TAO.

¡YIN–YANG ONDA DE ENERGÍA!

1 Piensa en un lugar mágico donde te sientas en perfecta comunión con la naturaleza y parte de la energía cósmica del todo... (¡Observar la naturaleza e inspirarse en ella es fundamental para la filosofía china!).

2 Ahora, intenta imaginar dos cosas opuestas, puede ser un comportamiento que te molesta y su contrario. ¿Podrías encontrar una manera de integrar estas dos cosas?

Por ejemplo: tú siempre lo prestas todo y tu hermano no deja nunca nada. Pero ¿alguna vez te has encontrado en la situación de que tú no has querido compartir algo con él y él sí lo ha hecho contigo? ¿Ahora te sientes complementario?

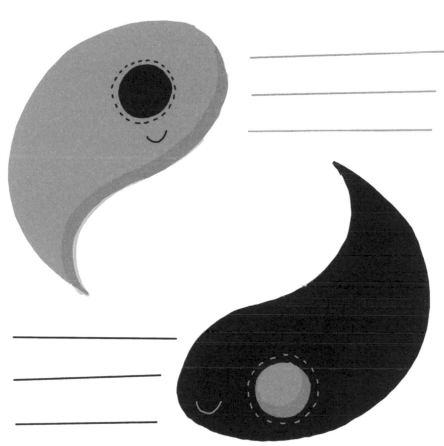

¿AHORA TE SIENTES COMPLEMENTARIO?

¡ESO SÍ QUE ES RIQUEZA!

AGUS
¿ES LIBRE?

A VECES, EQUIVOCARSE ES MEJOR QUE HACERLO SIEMPRE TODO BIEN

Hacía un mes y medio que el verano había empezado y Agus se divertía muchísimo yendo cada día a la piscina con sus amigos. A las siete de la tarde empezaban las partidas de cartas y por la noche llegaba la animación. ¡Realmente estaba pasando un verano impresionante! A los días de *camping*, siguieron las vacaciones en la montaña con los abuelos. Disfrutaba del tiempo con sus amigos viendo vídeos en YouTube. Solo había una cosa que, en esos más de dos meses de vacaciones, Agus no había hecho: ¡los deberes!

Su madre no le decía nada y él cada día se repetía contento: «¡Bien, hoy también se ha olvidado!». Y dejaba de pensar en ello.

Así fue como llegó septiembre y el día de volver al colegio. Agus, evidentemente, se sentía mal, pero pensó que era culpa de su madre porque no le había recordado en ningún momento que tenía que estudiar.

Así pues, el primer día de cole se presentó con una excusa que le pareció plausible pero que en cambio resultó ser un desastre. Cuando dijo que no había hecho los deberes porque nadie se lo había recordado, todos se echaron a reír y él se sintió muy avergonzado.

Regresó a casa enfadado.

—¡Mamá! ¿Por qué no me dijiste que hiciera los deberes?

Y su madre le contestó:

—Prefiero no decírtelo. Intenta estar un poco contigo mismo y estoy segura de que lo entenderás.

Agus entonces se fue al río, se sentó en la orilla y se detuvo a pensar: «Mi madre quería que me sintiera libre y no he sabido gestionar bien esa libertad. No me había dado cuenta. Dependía de mí».

Desde aquel día la vida de Agus cambió a mejor, dedicó más tiempo a escuchar su interior y aprendió a elegir lo que le convenía.

SAN AGUSTÍN, el filósofo en el que se inspira esta historia, nació en Tagaste, en África, en el año 354 d. C. y fue un hombre con una personalidad fascinante. Su punto fuerte era la reflexión: sabía reflexionar consigo mismo y dejó un libro repleto de pensamientos que lleva por título *Confesiones*. Sostenía que el ser humano puede encontrar en su interior todas las respuestas, confiando siempre en la gracia del Señor. Está considerado uno de los padres de la Iglesia católica.

¿QUÉ ES
★ LA LIBERTAD DE EQUIVOCARSE? ★

Tengo una vida interior muy rica...

¡Qué mítico!

¡No... místico!

EL LIBRE ALBEDRÍO
=
LA POSIBILIDAD DE QUE DIOS DEJE QUE LOS HOMBRES ELIJAN

San Agustín se preguntaba: «¿Por qué Dios no hace nada frente a las injusticias? ¿Y los terremotos? ¿Y las enfermedades?». Y explicó que Dios se inhibe para dejar al hombre la posibilidad de elegir si hacer el bien o no.

¡Dios quiere que el hombre sea libre!

¡EQUIVOCARSE ES FUNDAMENTAL pero también saberse escuchar!

PREGUNTAS PARA LA LIBERTAD

★ ¿Alguna vez has cometido un error clamoroso?

★ ¿Podrías renunciar a tu libertad para no equivocarte nunca jamás?

★ ¿Crees que de los errores se aprende?

PREGUNTA CLAVE

★ Cuando tienes algún problema, ¿eres capaz de escuchar tu interior?

¿QUÉ ES
★ LA VIDA INTERIOR? ★

★ FILOPOESÍA ★

Cuando reina la confusión
y no sabes quién tiene razón
sientes la tentación de buscar
emociones que experimentar,
así intentas conseguir
tus deseos a voluntad:
esperas poder sentir
alegría y libertad.

Agustín, en cambio, insiste
que, si feliz tú quieres ser,
siempre que estés triste
debes recurrir a tu poder:
entra en tu caparazón,
escucha el discurso del amor
que es en el mundo interior
la respuesta de tu corazón.

**VIDA INTERIOR
=
DEDICARSE A LAS EMOCIONES
Y A LOS PENSAMIENTOS QUE
LLEVAMOS DENTRO**

Cuando te sientas confuso,
en lugar de buscar fuera entra
en tu silencio interior y escucha tu voz.

¡NO TE ESCAPES!

En tu mundo interior
encontrarás las respuestas.

¿QUÉ ES **EL TIEMPO?**

SOMOS NUESTRO PASADO, PRESENTE Y FUTURO

Ese día la maestra les mandó unos deberes que les hicieron sonreír a todos. Les pidió que describieran con todo lujo de detalles a alguien o a algo que hubieran querido abrazar.

Cristian y Jorge hicieron reír a toda la clase porque dijeron que hubieran querido abrazar un dinosaurio. Eleonora, en cambio, escogió un árbol, a poder ser un roble. Ginebra, Martina y Sofía describieron a sus peluches. Julia, sin dudar ni un segundo, respondió:

—¡Yo querría abrazar el tiempo!

Toda la clase se quedó estupefacta. Incluida la maestra.

—¿Cómo se abraza el tiempo? —preguntaron muchos, curiosos.

Julia lo explicó sencillamente:

—Para abrazar el tiempo hay que imaginarse contemporáneamente el pasado, el presente y el futuro, y sentir que son una sola cosa. Si el pasado lo recuerdas, se transforma también en presente. Si el futuro lo imaginas, se transforma en presente. Cuando sientes que pasado y futuro están los dos presentes es que estás abrazando el tiempo.

¡Qué idea tan extraordinaria!

Muchos lo quisieron probar. La maestra cerró un poco la ventana, puso una música preciosa y, durante diez minutos, todos, pensando en su propio pasado y en su propio futuro como si fueran el presente, abrazaron el tiempo.

Presente

Pasado   Futuro

EL TIEMPO
=
LO QUE NUESTRA ALMA CONSIGUE ABRAZAR

Por eso, algunas veces parece que una hora dure cinco minutos y otras, parece que no acabe nunca.

¡SÚBETE A LA NAVE DEL TIEMPO-ALMA DE SAN AGUSTÍN!

PIENSA EN ALGO SÚPER DEL PASADO
PIENSA EN ALGO SÚPER DEL FUTURO
ÚNELO EN EL PRESENTE

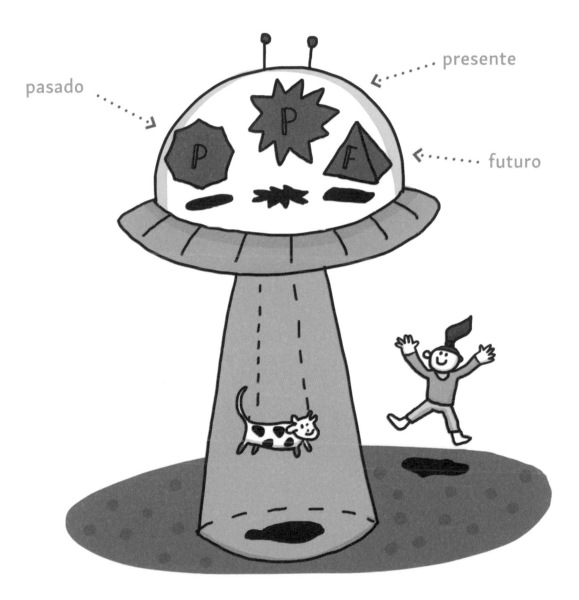

pasado

presente

futuro

¿SIENTES QUE ESTÁS EN EL CENTRO?

PODRÁS HACER HERMOSOS VIAJES DENTRO DE TI MISMO.

ME GUSTA
SI ME MUEVES

¡AUNQUE NO HAGAS NADA!

Lucía observaba a Tommy, su hermano mayor, con gran curiosidad. ¡Estaba locamente enamorado! Ni en las películas se veía algo así. No es que hiciera locuras; de hecho, era un chico muy tranquilo... pero solo pensaba en una cosa: su novia, una tal Eugenia Brilli.

Él quería por encima de todo demostrar que ese sentimiento suyo tan fuerte, el amor infinito, existía realmente. ¡Según él no era algo que se pudiera decir y ya está, hacía falta una explicación como Dios manda! Así que se pasaba horas y horas encerrado en su habitación escribiendo pensamientos difíciles para probar una cosa que según Lucía no debía demostrarse para nada: ¡que el amor existe!

En una ocasión Tommy salió de la habitación y leyó en voz alta lo que había escrito en una hoja de papel: «Oh, Eugenia, el amor que siento por ti es tan inmenso y tan fuerte que cada acto de mi vida viene provocado por tu existencia. Cuando abro los ojos por la mañana, siento que existes y esto me impulsa a llegar hasta ti. Solo por el hecho de existir, haces que venga a buscarte. Eres mi motor, mi motor inmóvil. ¡Aunque te quedes quieta, yo me muevo hacia ti!».

Lucía al principio sintió vergüenza ajena, pero cuando Tommy hubo terminado su discurso se dio cuenta de que el amor es algo que te atrapa por completo y pensó que sentir algo tan grande era una experiencia preciosa que implicaba a cada pequeña partícula de nuestro ser. Así que sonrió y pensó: «Espero experimentarlo yo también».

SANTO TOMÁS es el filósofo que inspira esta historia que acabas de leer. Nacido en Roccasecca, en el Lazio, en 1225, pasó casi toda su vida intentando demostrar que Dios existía. Y quería probarlo a partir de la lógica, sin recurrir a las emociones o a los sentimientos, como buen admirador que era de Aristóteles. Encontró hasta cinco pruebas de la existencia de Dios, la más importante de las cuales era que todos los seres vivos del mundo se mueven porque Dios es el motor inmóvil que genera el movimiento incluso estando parado.

¿QUÉ ES
★ UN MOTOR INMÓVIL? ★

¡Eres mi motor inmóvil!

¿Ya no se lleva decir «amorcito»?

Todos sabemos lo que es un motor, por ejemplo, el del coche.

UN MOTOR
=
LO QUE GENERA EL MOVIMIENTO

El motor inmóvil genera el movimiento, pero no se mueve.

¿Y A TI QUÉ TE MUEVE?

★ ¿Alguna vez has sentido la necesidad de demostrar lo que sientes?

★ ¿Te gusta sentir que una pasión te mueve?

★ ¿Alguna vez has escrito una poesía dedicada a alguien?

PREGUNTA CLAVE

★ ¿Alguna vez has sentido la presencia de Dios?

★ ¿QUÉ ES **DIOS**? ★

**Para santo Tomás,
Dios es la gran e inagotable
fuerza que genera la vida.**

**La filosofía de santo Tomás
influyó tanto en el gran poeta
DANTE ALIGHIERI que este
describió a Dios como
«el que todo lo mueve».**

★ FILO**POESÍA** ★

La razón es importante
—pero ¡qué digo!—. ¡Sorprendente!
Aristóteles ha inspirado
todo lo que hasta hoy he pensado…

Pero más grande que el pensamiento,
más potente que la mente,
era demostrar que Dios existía…
¡y lo llamé *teología*!

Mi trabajo, muchachos,
ha consistido en buscar nuevos espacios,
y en colocar más avanzados
¡a Dios, a la Iglesia y a los santos!

¡Lo corroboro!

¿QUÉ ES **UNA JERARQUÍA?**

¡PONLO TODO EN ORDEN!

Cristina quería organizar una fiesta de cumpleaños maravillosa, así que, aproximadamente un mes antes, empezó a pensar.

¡Se pasaba el día haciendo listas! La música que pondría, la comida que serviría, las actividades que haría, los amigos a los que invitaría, los regalos que le gustaría recibir, los globos y banderines que compraría... y en cada lista reservaba la parte superior para escribir lo que prefería y, a continuación, el resto.

Con todas estas hojas en la mano fue a ver a su abuelo.

—¡Hola! ¿Cómo se llama lo que estoy haciendo? ¿Tiene algún nombre?

—¡¿Y qué sé yo, chiquilla?! Pregúntaselo a la abuela. ¡Ella se pasa el día leyendo, seguro que lo sabe!

Entonces Cristina habló con la abuela, que en efecto estaba muy preparada.

—Lo que estás haciendo es establecer una **jerarquía**, estás ordenando las cosas por niveles, de la más importante a la menos importante.

¡Qué satisfacción, tener un nombre para esa actividad que tanto le gustaba!

—¡Quiero especializarme en jerarquías y hacer listas de todo! Así que voy a hacer la lista de cosas que quiero llevar a cabo cuando sea mayor y arriba, en lo alto de la pirámide, ¡voy a escribir «Hacer listas»!

Espera... ¡voy a recalcular!

JERARQUIZAR
=
ORDENAR LAS COSAS POR NIVELES, DE LA MÁS IMPORTANTE A LA MENOS IMPORTANTE

APROVECHA UNA TARDE DE LLUVIA, DEJA YOUTUBE Y...

... ¡CREA TU JERARQUÍA CON SANTO TOMÁS!

Para **Santo Tomás**, lo más importante de todo, lo que estaba en el vértice (= en la punta) de la **pirámide** era **DIOS**.

Ahora te toca a ti. ¡Crea la pirámide de las cosas que más quieres!

¡CUÁNTO HAY POR DESCUBRIR CON LAS PIRÁMIDES!

TOMÁS
Y LAS REGLAS

¿HACE FALTA UN LÍDER CON EL PODER ABSOLUTO?

Todos los chicos del barrio se encontraban para jugar en el mismo campo, ya que era el único espacio libre en esa zona de la ciudad. La confusión reinaba. Cada pequeño equipo creía tener derecho a usar el campo y, si los que estaban jugando previamente no se iban enseguida, los recién llegados recurrían a maldades varias, como por ejemplo agujerearles la pelota y robarles la ropa que habían dejado en los vestuarios.

Día tras día, la situación empeoraba. Los líderes de los distintos equipos se numeraron y descubrieron que eran quince grupos de niños compartiendo el mismo campo. Y ninguno de ellos conseguía divertirse en paz.

Un día, Tomás tuvo una idea y dijo:

—¿Por qué no elegimos a un líder único, uno que nos parezca bien a todos y que deje de jugar para ejercer solo de líder? Él será nuestro soberano y una vez que lo elijamos ya no podremos quitarle el poder jamás. Las decisiones que tome serán ley para nosotros. Sería magnífico que fuéramos altruistas y supiéramos organizarnos solos, pero, como no somos capaces, mejor tener a alguien que cuide de todos nosotros de manera imparcial.

Así que eligieron a Miguel y para que todos entendieran que él era el líder lo vistieron con un uniforme: una camiseta con las caras de todos los chicos estampadas. Lo llamaron Leviatán, que es el nombre de un monstruo marino, para que intimidara y así lo obedecieran. Rápidamente, la situación mejoró: por lo menos consiguieron jugar todos.

THOMAS HOBBES es el filósofo en el que se inspira esta historia. Nacido en Westport, en Inglaterra, en 1588, dedicó toda su vida a la filosofía política. Vivió en un período de guerras y desesperación, y al final llegó a la conclusión de que la naturaleza humana es egoísta. Incluso afirmó que el hombre es un lobo para los demás hombres y que solo la presencia de un soberano puede garantizar la paz en un Estado. Es importante destacar aquí que el soberano en el que piensa Hobbes lo elige el pueblo y no los poderosos.

★ ¿QUÉ ES **EL ESTADO?** ★

Hobbes era un auténtico
FRIKI...
¡Puso a un monstruo
marino a hacer de
SOBERANO!

**ESTADO
=
PACTO COMPARTIDO
ENTRE LOS HOMBRES**

Para Hobbes el Estado es necesario
porque el hombre, si no está
obligado a seguir unas reglas,
lucha solo por su propio
beneficio EGOÍSTA.

**Para tenerlo todo en orden es
necesario que haya un líder absoluto.**

¿LOBOS O CORDEROS?

★ ¿Alguna vez has hecho lo correcto solo porque estabas obligado a hacerlo?

★ ¿Crees que las personas son más bien egoístas o altruistas?

★ ¿Te gustaría ser un soberano?

PREGUNTA CLAVE

★ ¿En qué confías más: en las personas o en las reglas?

★ ¿QUÉ ES **EL LEVIATÁN?** ★

★ FILO**POESÍA** ★

Existe un monstruo terrible,
un lobo, una serpiente
merodea por el mundo
y asusta a la gente.

No vive en los bosques,
del alboroto es el centro,
está en la propia naturaleza,
que cada hombre lleva dentro.

Es el lado egoísta
que alberga cada humano
y el modo de vencerlo
es confiar en un tirano.

Él es tan necesario
como un comisario,
tú, para actuar con respeto,
debes obedecer por decreto.

Hobbes se imaginó a un soberano capaz de hacerse respetar por todos y lo llamó Leviatán, como el monstruo marino de la Biblia.

Para vivir en paz es necesario renunciar a la libertad.

¿Será cierto?

¿QUÉ ES **EL RAZONAMIENTO?**
DIVÍDELO EN SIMPLE Y COMPLEJO

Luca andaba buscando un método eficaz para hacer los deberes que le habían mandado durante las vacaciones. Quería estudiar todo lo que pudiera con el mínimo esfuerzo.

Tenía que leerse tres libros y completar ciento veinte páginas.

«Fácil —pensó Luca—, solo he de dividir las páginas de los libros y las de los ejercicios entre el número de días de vacaciones. ¡Es muy simple! ¡Si lo hago así será coser y cantar!».

Lo que Luca había hecho en realidad era un **razonamiento simple**, con dos solas operaciones: la suma de las páginas y la división entre los días.

Pero la vida no siempre es tan sencilla como imaginamos. Ya en la primera semana Luca se dio cuenta de que durante dos días no había podido estudiar, un día porque había ido a la piscina y el otro porque se había olvidado los libros en casa de la abuela.

Así que pensó que necesitaría un **razonamiento complejo**, que tuviera en cuenta más variables, como un ábaco mental en el que pudiera mover las bolitas dependiendo de la situación. Así pues, formuló un esquema que no podía ser representado en una línea recta (tareas pendientes divididas entre el número de días que disponía), sino por muchas líneas con varias hipótesis. Dividió las tareas en bloques y para cada semana tuvo en cuenta que algunos días no podría estudiar. De este modo, además de hacer los deberes, ese verano aprendió también la importancia de saber calcular correctamente.

HIPÓTESIS CÁLCULOS VARIABLES

HOBBES AFIRMABA QUE EL HOMBRE, A DIFERENCIA DE LOS ANIMALES, ES CAPAZ DE REALIZAR CÁLCULOS COMPLEJOS.

esquema a-b (simple)
esquema a-b-c-d-e (complejo)

USA EL RAZONAMIENTO COMPLEJO DE HOBBES PARA ORGANIZAR LOS DEBERES DE LAS VACACIONES.

Razonamiento simple:
divide el número de páginas que tienes que hacer entre el número de días que dispones de vacaciones.

Razonamiento complejo:
escribe una lista de impedimentos y cuántos días, más o menos, pueden hacerte perder. ¡La imaginación al poder!

¡VUELVE A CALCULAR TENIENDO EN CUENTA LAS VARIABLES!

EL RAZONAMIENTO COMPLEJO SE PUEDE APLICAR A UN MONTÓN DE COSAS.

¿EN QUÉ ESTÁS PENSANDO, RENATO?

SOÑAR PUEDE SER UN PROBLEMA... SI ESTÁS DESPIERTO

Renato era un gran soñador. Cada mañana cuando se levantaba decía:

—Mamá, ¿cómo puedo estar seguro de que estoy despierto? ¡Cuando estoy soñando todo parece tan real!

A menudo en la escuela también pensaba: «¿Estoy realmente aquí o solo estoy soñando? ¿Quién me puede asegurar que no estoy durmiendo?».

Nadie conseguía alejarlo de este pensamiento ¡e incluso a nosotros, si nos preguntáramos si estamos seguros de estar despiertos, nos asaltaría alguna duda!

Una mañana Renato preguntó en voz alta:

—Chicos, ¿y si fuéramos los personajes del sueño de un genio maligno? ¿Y si fuéramos solo producto de la imaginación y no existiéramos en realidad?

Por suerte, a sus amigos les gustaban mucho los videojuegos y respondieron:

—¡Hala! ¡Sería como vivir una realidad paralela!

Aunque él no lo preguntaba en el sentido del videojuego, sino del conocimiento. Necesitaba saber si realmente existía o no.

Fue durante un recreo en el que coincidió con Camilla y le dijo:

—¡Ya lo entiendo! Cuando me pregunto si existo o no existo, estoy poniendo en duda la existencia. ¡O sea, que dudo! ¡Dudo de existir!

Camilla no entendía nada y respondió:

—¿Perdona?

Y él continuó:

—¡Quiero estar seguro de que existo, busco pruebas de ello! Y la prueba es precisamente que dudo de mi existencia, ¡así que si dudo es que pienso! ¡Y si pienso quiere decir que NO soy producto del sueño de otro, sino que SOY YO EL QUE PIENSA! ¿Y sabes qué te digo, Camilla? ¡Si pienso, quiere decir que existo!

Camilla respondió con mucha gracia:

—Ya te lo decía yo que existías. ¡Y no solo existes, sino que además eres muy raro!

RENÉ DESCARTES, el filósofo que inspira esta historia, nació en Francia en 1596. Quería demostrar que todas las preguntas interiores que nos hacemos pueden tener respuestas tan ciertas como las de las matemáticas. Este modo de pensar se llama racionalismo porque implica que todo tiene una explicación racional y lógica. Descartes está considerado uno de los fundadores de la filosofía moderna.

★ ¿QUÉ ES **LA DUDA**? ★

¿Qué quieres para desayunar?

No lo sé... Practico la duda metódica...

¡Dudo de todo!

DUDAR
=
OSCILAR ENTRE DOS PENSAMIENTOS

¡La duda es un gran punto de partida, no es un problema!

¿ERES RACIONAL INCLUSO CUANDO JUEGAS?

★ ¿Has dudado alguna vez sobre si estabas despierto?

★ ¿Te gusta encontrar las pruebas que demuestren algo?

★ ¿Te hace sentir bien tenerlo todo ordenado?

PREGUNTA CLAVE

★ ¿Se puede entender todo con la cabeza?

★ ¿QUÉ ES **EL MÉTODO**? ★

**MÉTODO
=
CAMINO SEGURO QUE
HAY QUE SEGUIR**

★ FILOPOESÍA ★

El sentido de las cosas y de la vida
también lo encuentras en una salida,
no es una receta que haya que estudiar
sino un modo ordenado de pensar.

Empieza por los conceptos principales,
luego sigue por los aspectos secundarios.
Si te ocupas primero de los fundamentales,
deja para luego los más ordinarios.

Si preparas una maleta para viajar,
de principio a fin la debes organizar,
acuérdate de lo más importante,
separa lo pequeño de lo grande.

Hazte un recorrido para seguir el camino
y así estar seguro de llegar a tu destino.
Dicen que soy «racional», y es verdad,
confía en mí, ¡aplica el método
con sagacidad!

Descartes no era un científico como
los demás que observara la naturaleza
y llevara a cabo experimentos. Él buscaba
un método matemático elaborado por la mente.

¿Cuántos tipos de cadenas conoces?
La de la bici, la de un collar,
la de un candado...
¿Qué tienen en común?

La fuerza de la cadena es que cada
elemento mantiene a los demás unidos.

¡Es lógico!

Descartes llama
CADENA DE RAZONAMIENTO
a la concatenación de pensamientos
en la que cada elemento es verdad
y mantiene en pie a los demás.

¿QUÉ ES **EL MÉTODO?**

¡LA ABUELA LÓGICA!

Mateo quería ordenar las cajas de los juegos de construcción y aprovechó una tarde que estaba en casa con su abuela. Esta no entendía muy bien la diferencia que existía entre Duplo, Lego y Playmobil, así que cada dos por tres le preguntaba a Mateo:

—¿Este va aquí? ¿Y este dónde lo pongo?

Entonces el chico hizo un esquema y le contestó:

—Si no se separa ninguna parte del cuerpo, es Duplo. Si solo se separa el pelo, es Playmobil. Si se separan la cabeza y el pelo, es Lego.

Y ella a continuación preguntó:

—Si a los Playmobil solo se les separa el pelo, cuando encuentre un muñeco al que solo se le separe el pelo es Playmobil, ¿no es así?

—Sí, abuela, así es.

—Si a los Duplo no se les separa nada, un muñeco al que no se le separe nada es Duplo, ¿no es cierto?

—¡Sí, abuela! ¡Seguro al cien por cien! ¡Pero, por favor, no pierdas más tiempo!

—¡Tesoro, no estoy perdiendo el tiempo, ya he acabado!

Incrédulo, Mateo miró las tres cajas: estaban todas en orden.

¡Si tienes que hacer algo muy específico, un método matemático es lo más rápido que te puedas imaginar!

—¡Muy bien, abuela!

—¡Muy buen método! ¡Choca esos cinco!

No se separa
ninguna parte.

Se separa
el pelo.

Se separan la cabeza
y el pelo.

¿SABES PREPARAR LA MOCHILA CON EL MÉTODO CARTESIANO?

¡AQUÍ TIENES 4 TRUCOS INFALIBLES PARA PREPARAR LA MOCHILA PERFECTA!

1 PRUEBA
- No dar nada por sentado y no tener prisa.
- *Mira el horario y lo que tienes anotado en la agenda.*

2 ANÁLISIS
- Divide las dificultades en partes.
- *Piensa en los libros y cuadernos que necesitarás para cada materia.*

4 REVISIÓN
- Revisa el contenido. ¿Has pasado algo por alto?
- *Antes de cerrar la mochila, comprueba que lo tengas todo, ¡especialmente la merienda!*

3 SÍNTESIS
- Empieza por las cosas más simples y luego pasa a las más complejas.
- *Primero guarda el estuche y la agenda, luego los libros que cambian cada día.*

VAMOS… ¡YA NO TIENES EXCUSA!

JOHN ES EL RECIÉN NACIDO
QUE SE SORPRENDE

★ ¡NO DES NUNCA NADA POR SENTADO! ★

Todo empezó cuando la madre de John dejó a su cargo y al de sus amigos a su hermanito de pocos meses para ir a ducharse. Los niños se pusieron alrededor del pequeño, que estaba en la hamaquita para bebés y que de pronto empezó a llorar desesperado. Como no sabían qué hacer para calmarlo le dieron los primeros juegos que encontraron: algún peluche, sonajeros, un libro de tela... pero nada, él continuaba berreando.

Fue Ricardo, que no tenía hermanos y tampoco experiencia alguna con niños pequeños, quien llevó a cabo un gesto desafortunado. Cogió el basilisco de goma que John tenía sobre una estantería elevada (con la boca totalmente abierta y dos dientes afilados manchados de sangre) y lo puso en las manos del pequeño.

¡Los chicos se quedaron de piedra, pensando que se moriría de miedo y que quizá queda-ría traumatizado de por vida! ¡Y el pequeño, en cambio, cogió la serpiente por la cabeza y empezó a sonreír y a chuparlo como si no tuviera ningún miedo de Voldemort!

Cuando su madre salió de la ducha, los chicos fueron a su encuentro y la avasallaron a preguntas. ¿Cómo podía ser que algo que les asustaba tanto a ellos no asustara al bebé? John aventuró una hipótesis que los convenció a todos:

—En mi opinión, cuando uno nace tanto da una cosa como la otra, no tenemos aún en la cabeza la idea de lo que nos asusta o lo que nos gusta. Al principio, nuestra mente está vacía, todo lo que hoy nos parece aterrador lo hemos aprendido al vivir. Por eso, para un bebé, una serpiente o un koala son exactamente lo mismo. ¡Dentro de unos años le dará tanto miedo como a nosotros!

JOHN LOCKE es el filósofo que inspira esta historia. Nació en Inglaterra en 1632 y era empirista: pensaba que el único modo de desarrollar el conocimiento era a través de la experiencia y que todos nacemos sin ideas y las vamos formando a lo largo de la vida.

★ ¿QUÉ ES **EL EMPIRISMO**? ★

Acabo de nacer...
¡Y quiero seguir
SIN NOCIONES
tanto tiempo como pueda!

**NACEMOS
SIN IDEAS
=
TABLA RASA**

Nuestra mente es como
una tablilla lisa sobre la que
no hay nada escrito.

¿ERES EXPERIMENTAL?

★ ¿Te gusta más aprender de los libros o hacer experimentos?

★ ¿Te gusta vivir nuevas experiencias o eres un animal de costumbres?

★ ¿Alguna vez mientras realizabas un experimento has provocado algún lío?

PREGUNTA CLAVE

★ ¿Alguna vez has observado a un niño aprendiendo a caminar?

★ ¿QUÉ ES **EL EMPIRISMO?** ★

Empirismo proviene de la palabra griega *empeiria* = experiencia.

TODO LO QUE SABEMOS PROVIENE DE LA EXPERIENCIA.

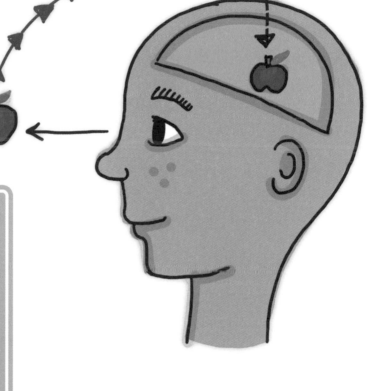

Nuestros sentidos perciben un objeto y acto seguido nuestra mente lo archiva.

★ FILO**POESÍA** ★

Nadie nace enseñado,
ni uno solo viene preparado.

¡No conocemos lo profundo,
antes de llegar al mundo!

Todo lo que al final sabemos,
en esta vida lo aprendemos.

¡Al conocimiento solo llegamos
con la experiencia que acumulamos!

¿QUÉ ES **LA RESISTENCIA?**

★ ★

¡EL DERECHO A DECIR NO!

¿Os acordáis del campo de fútbol, en la historia de Hobbes, que los chicos decidieron que «gobernara» Leviatán?

Pues resulta que, aunque al principio pareció que la cosa funcionaba, al final no fue tan bien. Para aplacar la rabia de aquellos que creían que jugaban demasiado poco, Leviatán infligió castigos muy severos a aquellos que no respetaban las reglas; por cualquier tontería podían acabar siendo maltratados o expulsados. Juana, una de las chicas más reflexivas, empezó a pensar entonces que había que descubrir de dónde venía el descontento.

Si venía del hecho que cada uno pensaba que jugaba demasiado poco, el descontento tenía un **motivo personal**. Si el problema, en cambio, era que el tiempo de juego podía distribuirse mejor para que todos salieran beneficiados, se encontraban ante un **motivo colectivo** que les incumbía a todos y que valía la pena defender. Se trataba del segundo caso y por eso Juana intentó hablar con Leviatán.

Él no quiso atenerse a razones porque se había vuelto ambicioso y sentía placer al ejercer su poder de una manera que a ella le parecía injusta.

Por eso, Juana formuló una teoría:

—**Si el que manda ejerce el poder injustamente, el que recibe órdenes puede no obedecer y oponer resistencia.**

Gracias a Juana, todos juntos dejaron de obedecer a Leviatán y consiguieron arrebatarle el poder.

¿Alguna vez te has rebelado contra alguien que te parecía injusto?

¡COMO LOCKE, OPÓN RESISTENCIA AL TIRANO!

¿Hay algo por lo que quieras protestar?

Responde primero a esta pregunta:

¿**el fin es personal** (por ejemplo, conseguir algo solo para ti) o **el fin es colectivo** (por ejemplo, construir un mundo mejor)?

Si el fin es colectivo, puedes decir

¡NO!

y convencer a tus amigos para que protesten también.

¡HAZ UNA BUENA REVOLUCIÓN PARA CAMBIAR LAS LEYES Y LOS COMPORTAMIENTOS QUE NO RESPETAN AL SER HUMANO Y A LA NATURALEZA!

¡PUEDES HACER MUCHO MÁS DE LO QUE CREES!

¡PODEMOS CONSEGUIRLO!

★ ──────────────────────────────── ★

EL PODER DE COMBINAR ES MUY LÓGICO

A Godofreda le gustaban mucho los ordenadores y había empezado su primer curso de programación.

Ella jugaba al voleibol y quería crear una aplicación de móvil que ayudara a los entrenadores a formar el mejor equipo teniendo en cuenta todas las variables.

Era muy buena en ciencias y también en matemáticas, ¡sentía que podía conseguirlo!

La aplicación debía tener en cuenta los días que las chicas estaban de vacaciones, los días que se ponían enfermas y también su condición física. Algunos datos eran predecibles (por ejemplo, las vacaciones), mientras que otros no lo eran para nada (como las enfermedades).

Entonces tuvo una idea: se trataba de combinar los elementos seguros con los que no lo eran, cuyas probabilidades se podían valorar. Los elementos seguros se basaban en el principio de no contradicción: si una chica estaba de vacaciones, no podía ir al partido. Y lo mismo si había sido expulsada.

Los elementos variables se basaban en la probabilidad. Si una jugadora había estado enferma la semana anterior era probable, aunque no seguro, que no lo estuviera la semana siguiente. Trabajando con estos datos se dio cuenta de que era posible sugerir a los entrenadores la mejor combinación de jugadoras posibles y también se percató de que las matemáticas le gustaban más que el voleibol, ¡pero siguió jugando con ganas y creando aplicaciones deportivas!

GOTTFRIED LEIBNIZ es el filósofo que ha inspirado esta historia. Nacido en Alemania en 1646, fue un personaje realmente genial, experto en filosofía, matemáticas, ciencias, teología, historia y jurisprudencia. Inventó muchas cosas en el campo de las matemáticas y también se considera el precursor de la informática porque fue él quien inventó la primera calculadora y el cálculo combinatorio.

★ ¿QUÉ ES **LA COMBINACIÓN?** ★

¿Has hecho los ejercicios de combinación?

¡Pues claro! ¡Combino los líos... los concateno!

COMBINAR = CONCATENAR LOS HECHOS COMO SI FUERA UN ENGRANAJE QUE GIRA

Según el principio de no contradicción, si una cosa es blanca, no puede ser negra. Si estás ausente del cole, no puedes estar presente.

¡PREGUNTAS EN ORDEN!

★ ¿Qué es lo que te gusta de las materias científicas?

★ ¿Saber calcular te hace sentir seguro?

★ ¿Crees que la inteligencia científica es un superpoder?

PREGUNTA CLAVE

★ ¿Crees que puede haber un orden que no conozcamos en todas las cosas que suceden?

★ ¿QUÉ ES **LA CONEXIÓN?** ★

★ FILOPOESÍA ★

El mejor de los mundos posibles
es un concepto de gran poder
si de los mundos que son conocibles,
te interesa su saber.

Eso no quiere decir que todo sea perfecto
y que vivas en un mundo encantado:
de todas las cosas probables
esto es lo mejor que te ha pasado.

Las desgracias se ven desde arriba
insertadas en un marco más neto
y hay que confiar que Dios las conciba
¡todas juntas como un conjunto perfecto!

Imagínate que todos los hechos del mundo están concatenados y que las vidas de todas las personas se combinan entre ellas como en un engranaje perfecto.

Todo ocurre cuando tiene que ocurrir.

Leibniz afirmaba:

«¡NO SE PUEDE PENSAR QUE TODO SEA PERFECTO, PERO EL ORDEN DE TODO EL MUNDO LO ES!».

¡Qué desastre!

Ejemplo:
¡otro desayuno imperfecto en un mundo perfecto!

¿QUÉ ES EL CRITERIO DEL MEJOR?

EL MEJOR DE LOS MUNDOS POSIBLES

Azul siempre estaba nerviosa. Ana, su mejor amiga, no sabía qué hacer cuando veía cómo se enfadaba por tonterías. En una ocasión, por ejemplo, en una tienda de helados, Azul se enfadó porque había pedido un cucurucho con una bola de fresa debajo y otra de chocolate encima y, en cambio, le habían servido uno con una bola de chocolate debajo y otra de fresa arriba. Ana quería ayudarla y por eso un día la invitó a su casa, preparó té con galletas y tranquilamente le preguntó que por qué se ponía tan nerviosa. Azul le explicó que sus padres se estaban separando y que, aunque siempre discutían por todo, ella hubiera querido que siguieran juntos. También le comentó que su tía preferida tenía planeado mudarse un año a Australia. Para Azul, que le pasara todo eso era totalmente injusto. Ana la abrazó muy fuerte, sus padres también

se habían separado y sabía lo difícil que era al principio. Luego encontró el valor para decirle lo que realmente pensaba:

—En la vida nunca puedes saber si lo que te ocurre es realmente una desgracia y, como no puede ser todo perfecto, lo que nos sucede es la cosa más perfecta posible de todas las que nos hubieran podido ocurrir.

Ella lo llamaba el criterio del mejor y este pensamiento siempre la hacía sentir bien.

Azul no estuvo de acuerdo con ella en ese momento y le contestó con muy malas formas, pero durante los días siguientes empezó a entender que en esas palabras quizá había algo de verdad. Notó a su madre más contenta y pasaban más tiempo juntas que antes. ¡Observar las cosas con un poco de perspectiva tal vez no era una mala idea!

tic tac

tic tac

Para Leibniz es Dios quien establece el mejor mundo posible, y lo hace no teniendo en cuenta una única vida, sino la armonía del conjunto.

**DIOS
=
RELOJERO QUE CONSIGUE CONCATENAR TODOS LOS ACONTECIMIENTOS**

EL GLOBO AEROSTÁTICO DE LEIBNIZ

EJERCICIO PARA ACEPTAR LAS EMOCIONES NEGATIVAS

1 Escribe algo que te dé mucha rabia y que te parezca un desastre.

2 Anota lo que consideres negativo de lo anterior.

3 Y ahora intenta encontrar motivos por los que te podría llevar a algo bueno.

¿Qué opinas de ello?

¡Imagínate que estás en un un globo aerostático y que puedes ver las cosas desde otra perspectiva!

¡ES EL CONJUNTO LO QUE PUEDE RESULTAR HERMOSO!

¡SI NO ERES CAPAZ DE ENCONTRAR NINGÚN ASPECTO POSITIVO, PIDE AYUDA!

¡DAVID ES ESCÉPTICO!

NO HAY NADA SEGURO, NUNCA

Un grupo de niños se preparaba para salir de la escuela.

Marina dijo:

—Hoy seguro que viene mi mamá a buscarme, vamos al cine.

David la miró y respondió:

—Querrás decir que «probablemente» vendrá a buscarte tu mamá.

—No —respondió Marina—, ¡seguro que vendrá! Me lo ha prometido y siempre cumple sus promesas.

David puso cara de no estar muy convencido y Marina se enfadó.

—¿Quieres traerme mala suerte? —le dijo.

—Pero ¿qué tiene que ver la mala suerte en esto? —respondió él—. Yo soy un escéptico, no me creo nunca nada hasta que ha ocurrido. Podría producirse cualquier imprevisto y que tu mamá no llegara: ¡un atasco de tráfico, un despiste, un problema con tu tía! No hay nada seguro al cien por cien.

—De acuerdo —admitió Marina—. Pues digamos que es muy muy probable.

—Ahora sí —dijo David—. Así está mejor.

Entonces Marina vio a su madre que la saludaba a lo lejos y soltó:

—¿Lo has visto, David? ¡Estaba segura de que vendría!

—Ahora sí que puedes estar segura —contestó David—. ¡Ahora que ha sucedido puedes decirlo, antes no! ¡Pasadlo fenomenal en el cine! ¡Hasta luego!

DAVID HUME es el filósofo que inspira esta historia. Vino al mundo en el año 1711. Hume, al igual que Locke, estaba convencido de que nacemos sin ideas y de que adquirimos nuestro conocimiento exclusivamente a partir de la experiencia. También fue un filósofo escéptico: sostenía que con demasiada facilidad creemos que las cosas están conectadas entre ellas en una relación de causa y efecto, mientras que en realidad no tenemos la certeza absoluta de nada y todo es solo probable hasta que no se demuestre lo contrario.

★ ¿QUÉ ES **EL ESCEPTICISMO?** ★

Si no estudias, suspenderás...

¡Eso no podemos saberlo!
¡No hay certeza matemática de nada!

SER ESCÉPTICO
=
CREER QUE NO SE PUEDE ESTAR SEGURO AL CIEN POR CIEN DE NADA

Como las cosas siempre han ido de una determinada manera, por costumbre «suponemos» que siempre marcharán igual: pero podrían ir de otra distinta.

PREJUICIO =
cuando esperamos
que suceda algo
(¡y no es seguro que suceda!)

¿SEGURO? ¡NUNCA!

★ ¿De vez en cuando te ocurre que no te crees a la maestra o a tus padres cuando te dicen algo?

★ ¿En ocasiones piensas que posees más información que los demás?

★ ¿Te sientes cómodo cuando admites que no estás seguro de algo?

PREGUNTA CLAVE

★ ¿Sueles creer o no creer lo que te dicen?

★ ¿QUÉ SON **LAS PROBABILIDADES?** ★

★ FILOPOESÍA ★

Cuando piensas en un empirista
yo soy el primero de la lista,
solo creo en la experiencia
que nos lleva a la conciencia.

La experiencia es convincente
solo en el momento presente,
el futuro programado
no hay que darlo por sentado.

Aunque todo parezca seguro
siempre puede surgir un apuro:
solo se puede alcanzar la seguridad
¡cuando el futuro ya es realidad!

Se dice que algo es PROBABLE cuando hay muchos motivos para creer que sucederá, pero no se tiene la certeza absoluta.

PROBABLE
=
MUCHOS MOTIVOS
PARA CREERLO

¡¡¡PERO NO SE EXCLUYE LO CONTRARIO!!!

¿QUÉ ES **LA SIMPATÍA?**

¡SE PUEDE SER AMIGO DE TODO!

Gordon no soporta las matemáticas y, aunque lo intenta, no consigue estar atento. Tras pocos minutos de clase, siente que le invade la rabia y busca excusas para salir de la clase.

Esta mañana ya está nervioso porque sabe que le esperan dos horas de problemas. Mejor fingir que no se encuentra bien y quedarse en casa.

Pero ¿quién viene hoy a clase? Hoy no entra su profesora de siempre, lo hace un maestro.

El hombre se presenta. Es un maestro suplente. Se llama Víctor.

Hoy los chicos y chicas darán clase de matemáticas con él, pero lo harán de una manera distinta a como están acostumbrados.

Víctor saca de la mochila un montón de cartas y propone un juego en el que todos deben efectuar cálculos muy rápidos para ganar.

Gordon siempre ha tenido problemas con el cálculo, pero esta vez, como se trata de puntuaciones de cartas, está supertranquilo. Incluso consigue ganar dos partidas. Y Víctor, siempre con una sonrisa, lo anima y lo hace reír con sus chistes. ¡Es divertido!

En un solo día Gordon entiende que hay una manera de trabajar las matemáticas que puede ser divertida: es como cuando te haces amigo de alguien, solo que ese «alguien» es una materia del cole.

Así debería ser todo y quizá acabaríamos por convencernos de hacer lo que no queremos: ¡afrontándolo con una sonrisa!

Usamos la palabra *simpático* para decir «divertido», pero la palabra *simpatía*, literalmente, significa «sintonizar con una persona y comprender lo que siente, aunque no sea lo mismo que sintamos nosotros».

Si alguien está satisfecho consigo mismo, es más fácil que sea simpático con los demás.

CONSIGUE QUE ALGO QUE NO SOPORTAS TE CAIGA SIMPÁTICO.

¿HAY ALGUNA ACTIVIDAD QUE TE PAREZCA INSOPORTABLE?

Por ejemplo, ¿lavarte los dientes?

¡Dibuja un cepillo de dientes y añade en sus cerdas una cara kawaii!

¡LO PUEDES HACER CON CUALQUIER OTRA COSA!

TODO PUEDE LLEGAR A PARECERTE SIMPÁTICO.

EL CHOCOLATE
DE MANU

A VECES LO QUE PARECE FÁCIL ACABA SIENDO DIFÍCIL

¡Para Manuel el chocolate era lo más delicioso del mundo!

Un día descubrió el rincón donde su madre escondía las tabletas de chocolate y diseñó un plan para poder cogerlas sin ser castigado. Así que le quitó a su tío el encendedor y, cuando se le presentó la primera oportunidad, abrió la puerta del escondite, cogió dos tabletas de chocolate y dejó el encendedor en el estante.

Todo había salido a la perfección. Pero no todo era perfecto.

Algo dentro de él, una sensación de incomodidad, se apoderó de su mente. Manuel oía una voz impertinente que en su interior le repetía: «Aunque nadie te descubra, lo que estás haciendo no está bien».

Al final, se le ocurrió una idea para reparar lo que había hecho: ¡Si repartía las tabletas de chocolate entre los niños pobres, todo quedaría justificado!

Pensó: «Como tengo dos tabletas, puedo regalar una».

Era un reparto justo, ¡una buena idea!

Cuando ya estaba mucho más tranquilo, esa vocecita impertinente volvió a la carga: «¡Eh, Manu! Si todos hicieran lo que tú estás haciendo, ¿en qué mundo viviríamos?».

«Los pobres tendrían mucho chocolate», le hubiera gustado responderse.

«Sí, pero a los tíos se los culparía injustamente, y las madres se equivocarían al volver a confiar en sus hijos».

No pudo dejar de escuchar esa voz interior. Volvió a dejar el chocolate donde lo había encontrado, devolvió el encendedor y salió a jugar a la pelota. Se sintió aliviado y feliz.

Por la noche, antes de acostarse, se asomó a la ventana de su habitación. Vio las primeras luciérnagas volando sobre el trigo, sonrió y admiró el cielo estrellado.

IMMANUEL KANT, el filósofo que inspira esta historia, dedicó toda su vida a preguntarse cómo funciona la mente y cómo se pueden evaluar nuestros comportamientos para entender lo que está bien y lo que está mal. El filósofo alemán, nacido en 1724, sostenía que todo individuo posee un sentimiento de justicia dentro de sí mismo y que quien comete injusticias no puede ser verdaderamente feliz.

★ ¿QUÉ ES **EL BIEN?** ★

¿Dónde nace la ley moral?

Alma

Corazón

Estómago →

→ Rodilla

La ley moral es INNATA...
Nace con nosotros y no la
aprendemos al crecer.

BIEN
=
**SEGUIR LA PROPIA
LEY INTERIOR**

Todos sabemos lo que
está bien en lo profundo
de nuestro interior.

¿LA MORAL? ¡NO ESTÁ MAL!

★ ¿Alguna vez has oído tu voz interior?

★ ¿La has escuchado o has hecho como si no pasara nada?

★ ¿Alguna vez has tenido la sensación de que habías hecho lo correcto?

PREGUNTA CLAVE

★ Si todo el mundo se comportara cómo lo haces tú, ¿en qué mundo viviríamos?

★ ¿QUÉ ES **VERDAD?** ★

★ FILOPOESÍA ★

Todo lo que tienes delante
de cada mente brillante
ha inspirado reflexiones
ricas en contradicciones.

Un objeto en un estante
es un ejemplo interesante:
¿es real verdaderamente
o es producto de la mente?

Hasta el fin del diecisiete
se creía, amiguete,
que lo que era esencial
todo el mundo lo veía igual.

Pero Kant pensó: «¡Bah!
¿quién sabe qué es la realidad?»,
así que, sin vacilación,
¡habló de la interpretación!

Nada es obvio en esencia,
lo que vemos es contingencia.
Si algo quieres entender,
tu punto de vista debes tener.

Además de la moral (¿qué está bien?), Kant estudió el problema del conocimiento (¿qué podemos saber de la realidad?).

Para Kant, es como si todos lleváramos puestas unas gafas de color, que no nos pudiéramos quitar y a través de las cuales siempre viéramos las cosas desde nuestro punto de vista.

Yo lo veo rosa

¿Y tú?

¿QUÉ ES **REAL?**

BEST SKIN FOREVER!

Tim y Tania son dos hermanos muy aficionados a los videojuegos. Hoy su madre les ha dicho que se pueden comprar una *skin* o un aspecto de *Fortnite*.

Tania suelta:

—¡Es increíble! Es el aspecto más bonito que haya visto nunca. Es perfecto.

Tim la observa con incredulidad. Él jamás se compraría un aspecto como ese. Los chicos empiezan a discutir. Para Tania es importante que Tim admita que ese aspecto es objetivamente bonito. ¡Quiere que él diga que es bonito para todos!

Tim, en cambio, quiere convencer a Tania de que ese aspecto es objetivamente feo, además de poco útil:

—Con ese los pueden matar fácilmente si se enfrentan en una Battle Royale.

Al final, interviene el hermano mayor:

—Cada uno de nosotros, al mirar un objeto, ya sea una manzana, un plátano o un aspecto, lo vemos de un modo diferente, porque todos tenemos ojos y gustos distintos y hemos vivido experiencias diferentes. Discutir con los demás para demostrar que algo es «objetivo» es perder el tiempo. Solo podemos conocer nuestro punto de vista.

Les aconseja elegir por turnos, porque ninguno de ellos puede tener la razón. Tania, un poco molesta, termina por aceptar resignada:

—OK. Este aspecto para mí es perfecto.

Tim está de acuerdo con ella, ha entendido que para él es fea y poco útil...

Ahora que han descubierto que no hay nada objetivo, Tim y Tania se dan cuenta de que no hay motivos para pelearse.

Filtro de Tim · Aspecto objetivo · Filtro de Tania

PARA MÍ · PARA MÍ

Incognoscible

¡AYUDA A TUS AMIGOS A DEJAR DE DISCUTIR CON LA REVOLUCIÓN DE KANT!

Cuando veas a dos amigos que se pelean, pregúntales cuál de ellos cree que tiene razón. Verás cómo cada uno se pone a sí mismo en lo que ve.

Todo gira alrededor de quien lo mira.

Nadie tiene la verdad absoluta.

Para conocer, no nos limitamos a observar y a memorizarlo todo, sino que lo interpretamos desde nuestro punto de vista.

¡NO VEMOS LAS COSAS COMO SON, LAS VEMOS COMO SOMOS!

¡ESTO SÍ QUE ES UNA REVOLUCIÓN!

JACOBO
Y LAS COSAS DE TODOS

★ A VECES, TENER MENOS ES MÁS ★

Jacobo tiene una pierna escayolada y durante el recreo mira cómo juegan sus amigos.

Observa que cuando los chicos juegan con material de la escuela están mucho más tranquilos, mientras que cuando lo hacen con sus juguetes están muy pendientes de defender lo que les pertenece con un «¡Eso es mío!».

En un determinado momento, cansado, Jacobo se queda dormido en un banco y sueña en un mundo primitivo en el que nadie posee nada, ni siquiera un palo, ni siquiera una familia. Todo es de todos, incluso los hijos son de todos, las madres son de todos. Un mundo supernatural donde todos viven tranquilos y son amables los unos con los otros.

Cuando se despierta (¡solo había echado una cabezadita!), Jacobo piensa: «¿Alguna vez habrá existido un mundo en el que nadie dijera "Es mío"?». Y decide que sí, hace mucho mucho tiempo debió haber sido así, y todo acabó cuando los primeros humanos empezaron a pensar que algo era de su propiedad. A partir de ese momento, todo empeoró.

Mientras tanto, un compañero suyo se acerca y le pregunta:

—Me he dejado los rotuladores en casa, ¿me prestas los tuyos?

Jacobo tiene unos rotuladores muy nuevos, le gustaría poder decir que sí pero también que no, así que ofrece a su amigo los lápices de colores y él se queda los rotuladores. Decepcionado, entiende que eliminar la propiedad privada es todo un desafío y algo probablemente imposible. ¡Él es el primero que no puede evitarlo!

JEAN-JACQUES ROUSSEAU es el filósofo suizo nacido en 1712 que inspira esta historia. A diferencia de Hobbes, consideraba que el ser humano nace bueno y muy predispuesto hacia los demás, y que era la civilización la que lo convertía en mentiroso y codicioso. Cuando vivía en el «estado de naturaleza», el hombre no conocía la propiedad privada y era verdaderamente feliz. Volver a un mundo en el que no exista la propiedad privada es imposible, pero, según Rousseau, el hombre tiene la capacidad de renunciar al egoísmo y de reconocer que el bien común también es el propio.

¿QUÉ ES
★ LA PROPIEDAD PRIVADA? ★

¡Mamá! Jacobo se ha vestido con hojas...

¡Es mi ESTADO DE NATURALEZA!

PROPIEDAD PRIVADA
=
CUANDO LAS LEYES GARANTIZAN QUE ALGO PERTENECE A ALGUIEN

La casa, el coche, la bici, los muñecos… Si alguien te quita algo que te pertenece, puede ser denunciado por hurto. La ley defiende la propiedad privada.

¿ES REALMENTE MÍO LO QUE ES MÍO?

★ ¿Cómo sería la vida si nadie poseyera nada?

★ ¿A qué te costaría mucho renunciar?

★ ¿Crees que la naturaleza del ser humano es buena?

PREGUNTA CLAVE

★ Si no existiera la ley, ¿de qué tendrías miedo?

¿QUÉ ES
★ EL ESTADO DE NATURALEZA? ★

★ FILOPOESÍA ★

En el estado natural
cada humano vale igual
y junto al resto sigue la pista
bueno, sano y altruista.

El problema surgió
cuando un hombre pronunció:
«¡Esto es mío, amigos…
Compartir es de antiguos!».

El problema principal
del estado natural
surge de la exclusividad
de la idea de propiedad.

Rousseau sostenía que la propiedad privada era el problema de la sociedad. El hombre antes de la propiedad privada vivía en armonía con el entorno, no tenía nada que defender.

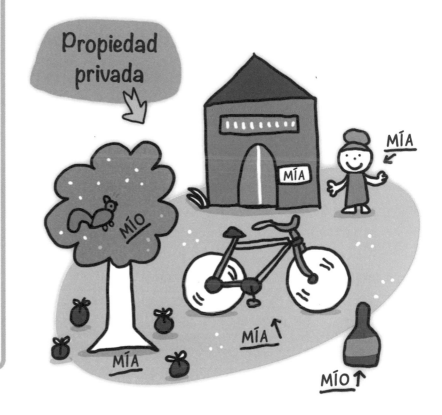

Propiedad privada

ESTADO DE NATURALEZA = VIDA NO REGULADA POR LEYES

ESTADO DE NATURALEZA = NO PROPIEDAD PRIVADA

¿QUÉ ES LA DEMOCRACIA DIRECTA?

¿VOLUNTAD GENERAL O DE TODOS?

Faltan pocos días para que acabe la escuela y los padres y madres de los alumnos y alumnas como cada año preparan un regalo para las maestras; por lo general, algo que ellas usarán en clase. En lugar de dar el dinero a los representantes, los padres deciden reunirse para discutir cuál podría ser el mejor regalo. Ese día, la madre de Cristian no ha podido dejar a su hijo con los abuelos y lo lleva con ella. Empieza la reunión y el padre de Luca propone comprar material para pintar porque a su hijo le gusta mucho la pintura. La madre de Ginebra sugiere regalar unos CD de música clásica porque su hija disfruta muchísimo con la danza. La madre de Lucía, incluso, propone regalar a las maestras unas carteras porque su mejor amiga tiene una tienda de artículos de piel. O sea, que cada progenitor propone algo que beneficia a alguien a quien quiere. Cristian, que lo ha escuchado todo, toma la palabra y dice que, según él, no es justo que cada uno piense en el propio beneficio, y que, aunque todos estuvieran de acuerdo, seguiría sin ser justo. Hay una diferencia entre el **bien de todos** y el **bien de la colectividad**, y lo más justo sería preguntar a las maestras qué les gustaría para la clase.

Los padres y madres reconocen que, además de ser la más justa, es una muy buena idea. Cristian pregunta a las maestras y ellas responden que lo que les gustaría son libros. Con eso las familias están contentas, las maestras también ¡y la democracia está a salvo!

¡La **voluntad general** busca el bien de la clase y no solo de algún niño o niña o padre o madre en concreto! En una democracia directa cada miembro de la comunidad debe expresar la propia voluntad, y al final debe hacerse lo que es correcto para la colectividad.

**DEMOCRACIA
=
HACER LO QUE QUIERE
LA COLECTIVIDAD**

**DEMOCRACIA DIRECTA
=
CADA UNO EXPRESA SU OPINIÓN
DIRECTAMENTE SIN QUE OTROS
«HABLEN» POR ÉL**

¡Con sus ideas, Rousseau inspiró la Revolución francesa!

¿QUIERES SER DEMOCRÁTICO COMO ROUSSEAU?

DEBERÁS APRENDER A DISTINGUIR LA VOLUNTAD DE TODOS DE LA VOLUNTAD GENERAL Y LUEGO SEGUIRLA.

Ejemplo: te pones de acuerdo con tu dos mejores amigos para ir al cine. Un cuarto niño escucha lo que estáis planeando y quiere venir con vosotros. Ninguno de vosotros tres lo considera un gran amigo; por eso, ninguno de los tres lo hubiera invitado (voluntad de todos)... pero ¿es así cómo se construye una comunidad? ¿Es correcto? ¿Cuál es la voluntad general?

Cuando estés con tus amigos y queráis decidir qué hacer, considera estas posibilidades:

1 ¿Lo que se propone es lo correcto para todos?

SÍ   NO

2 ¿Quién propone la idea tiene un interés personal en ella?

SÍ   NO

3 Si hacéis lo que habéis propuesto, ¿el grupo de amigos crece y mejora?

SÍ   NO

¡VIVA LA DEMOCRACIA!

ARIADNA
Y EL MÓVIL PROHIBIDO

FUSIONAR LAS DIVERGENCIAS

Ariadna estaba en sexto y aún no tenía móvil. En realidad, no era la única de la clase que no lo tenía, pero sus mejores amigas ya habían convencido a sus padres y Ariadna no lo conseguía.

La madre de Ariadna tenía las ideas muy claras, creía que las relaciones personales eran fundamentales para los chicos y chicas, y que los móviles hacían perder humanidad. Pensaba que su hija dejaría de jugar con su hermana pequeña y que estaría todo el día pegada al teléfono, como había visto que sucedía con muchos otros compañeros y compañeras.

Ariadna la acusaba de no ver que la sociedad avanzaba y le decía que no se podían continuar haciendo las cosas como hacía mil años. No era una situación fácil para ninguna de las dos. De hecho, estaban pasando una mala época, con muchas peleas y enfados. Incluso llegaron a estar sin hablarse durante toda una semana.

Hasta que un día ocurrió algo bonito. Buscaron fundir sus divergencias para dar vida a una nueva propuesta: Ariadna tendría un móvil, pero solo algunas horas al día y nunca durante la comida y la cena. También seguiría jugando con su hermanita. Así se respetaban los valores de su madre y también los deseos de Ariadna.

GEORG WILHELM FRIEDRICH HEGEL, nacido en Alemania en 1770, es el filósofo que inspira esta historia. Fue uno de los pensadores más importantes, famosos y complejos de la historia de la filosofía. Fue el primero en afirmar que la vida es un cambio permanente en el que se alternan continuamente tres fases: tesis, antítesis y síntesis. En la historia de Ariadna la posición de la madre es la tesis, la protesta de Ariadna es la antítesis y el acuerdo al que llegan al final es la síntesis.

Hegel fue un idealista, o un filósofo que creía que en la vida lo que más cuenta son las ideas y que el mundo siempre sigue una lógica racional (aunque a veces no la entendamos).

¿QUÉ SON **LA TESIS,** ★ **LA ANTÍTESIS Y LA SÍNTESIS?** ★

¡Chicos, dejad ya de discutir!

No estamos discutiendo. ¡Estamos planteando la antítesis!

TESIS
=
EL PUNTO DE PARTIDA, LO QUE PARECE INSALVABLE

ANTÍTESIS
=
LA CONTRAPOSICIÓN A LA TESIS, EL MOMENTO MÁS DIFÍCIL

SÍNTESIS
=
LA FUSIÓN DE LOS PUNTOS DE VISTA

¿BUSCAMOS LA SÍNTESIS?

★ ¿Te discutes a menudo con tus padres?

★ ¿Alguna vez te has dado cuenta de que ellos tenían razón?

★ ¿Alguna vez ellos se han dado cuenta de que tú tenías razón?

PREGUNTA CLAVE

★ ¿Es importante llegar a un acuerdo?

★ ¿QUÉ ES **EL IDEALISMO?** ★

Idealismo no significa tener muchas ideas, sino creer que los elementos que componen la realidad son ideas, o que lo que tenemos en la cabeza es más importante que lo que vemos y tocamos.

idea
de la manzana

experiencia
de la manzana

REALIDAD
COMPUESTA
DE IDEAS

IDEALISMO

REALIDAD
COMPUESTA
DE COSAS

MATERIALISMO

★ FILOPOESÍA ★

Todo lo que puedes entender
es que el mundo así no va a permanecer,
se mueve y cambia sin cesar
para una respuesta encontrar.

Todo proceso se divide en tres partes,
búscalas siempre y de ellas no te apartes.
Cuando identifiques la tesis y la antítesis,
recuerda que pronto llegará la síntesis.

La historia de siempre sale al rescate
del espíritu absoluto
que llena de sentido cada humano sentir
¡con la espiral del devenir!

IDEALISMO

**ORIGEN DEL MUNDO
=
IDEAS**

(PLATÓN ⋯► LEIBNIZ ⋯► HEGEL)

MATERIALISMO

**ORIGEN DEL MUNDO
=
MATERIA**

(HOBBES ⋯► MARX ⋯► CIENCIA MODERNA)

¿QUÉ ES EL ESPÍRITU ABSOLUTO?

¿Y TRAS LA SÍNTESIS? ¡UNA NUEVA TESIS!

Ariadna era muy feliz de tener finalmente un teléfono para ella sola. Inmediatamente se lo dijo a sus amigas, que lo celebraron con ella, mandando emoticonos de trompetas a su grupo de WhatsApp.

Cristina, su mejor amiga, le dijo que estaba muy bien que hubiera llegado a un trato con su madre, pero Ariadna, tras pensarlo un poco, respondió que la clave de todo había sido protestar.

Se tiende a creer que la fase de la síntesis es la más importante, pero todo empieza con la antítesis. ¡Ese «No» es una especie de motor que pone en marcha el engranaje!

Eran las diez de la noche. Ariadna, como de costumbre, apagó el teléfono. Al día siguiente pidió a su madre si podía suscribirse a Spotify para escuchar música y esta le respondió:

—¡Pues claro que no!

«Vuelta a empezar —pensó Ariadna—. Ya volvemos a estar con la tesis y tendré que trabajarme la antítesis, pero podéis estar seguros de que esta vez también vamos a llegar a una síntesis. ¡Lo decía Hegel y también lo digo yo!».

Tras la tesis y la antítesis, siempre llegamos a una síntesis que, más adelante, se convierte en la nueva tesis. Este continuo reinicio, a un nivel más alto, es como una espiral.

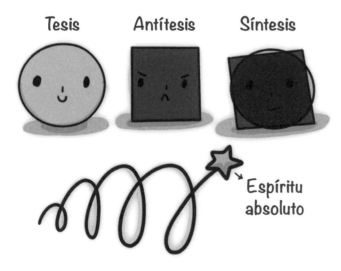

Hegel sostenía que la historia es una sucesión de tesis, antítesis y síntesis que conduce a la perfección del espíritu absoluto.

ESPÍRITU ABSOLUTO = PUNTO MÁXIMO DE LA PERFECCIÓN REALIZABLE

SUPERA UNA CRISIS FAMILIAR
CON HEGEL.

1 **TESIS** Lo que quieres.

- Tú
....
....
....
....
....

2 **ANTÍTESIS** Lo que quieren tus padres.

3 **SÍNTESIS** ¿En qué podéis poneros de acuerdo respetando ambos puntos de vista?

- Tus padres
....
....
....
....
....

- ¿Sobre qué podéis poneros de acuerdo?
....
....
....
....
....

¡INTÉNTALO!

¡SIEMPRE HAY UNA MANERA
DE LLEGAR A LA SÍNTESIS!

MIL DESEOS
AL DÍA

¡NUNCA TENGO SUFICIENTE!

Sara deseaba comprarse el nuevo modelo de zapatillas deportivas que llevaban todas sus amigas. ¡Hasta soñaba con ellas por la noche! Después de un mes de pedirlo una y otra vez, su tía se las regaló. Eran muy bonitas, blancas y con la marca bien a la vista.

Sara se las puso inmediatamente, se miró al espejo y las vio en todo su esplendor. «Aunque ahora —pensó—, ¡me gustaría tener los tejanos perfectos!».

Así empezó a perseguir todo lo que no tenía... y tanto deseaba.

Su mejor amigo, Arturo, le hizo ver que esa carrera era infinita, que un deseo siempre deja lugar a otro deseo y que así nunca llegaría a ser feliz.

Luego, Arturo, que era claramente un pesimista, añadió que nada puede hacernos felices y que la vida es solo una sucesión de desilusiones. La única posibilidad para no sufrir es aprender a no desear nada, absolutamente nada, resistirnos a esa fuerza que siempre nos querría enganchados a algo que deseamos y no tenemos, y que nos convierte en esclavos hasta la muerte.

Sara se estremeció.

Las palabras de Arturo le parecieron muy duras y hasta exageradas, pero admitió que en cierto modo tenía razón: desear siempre algo es natural, pero nunca nos deja satisfechos. Ella apreciaba a Arturo, pero realmente su amigo era demasiado pesimista. Y, además, ¿cómo se puede no desear nada? Entonces se le ocurrió una idea. ¡Una idea genial!

Le propuso ser el invitado de honor de la noche de Halloween, y en ese mundo patas arriba incluso él se divirtió.

ARTHUR SCHOPENHAUER es el filósofo nacido en Gdansk en 1788 que inspira esta historia. Fue un pensador original que durante años se preguntó sobre el sentido de la vida y desarrolló una teoría según la cual todo, incluso el ser humano, está controlado por una fuerza, la voluntad.

Schopenhauer también fue el primer filósofo europeo que se vio influenciado por las doctrinas orientales del budismo y el hinduismo.

★ ¿QUÉ ES **EL PESIMISMO?** ★

Espíritu absoluto

Nada puede hacernos felices.

¿Estás seguro?

PESIMISMO

=

CREER QUE TODO LO QUE OCURRE NOS CAUSARÁ DOLOR

OPTIMISMO

=

TENER FE EN LA VIDA Y PENSAR QUE SIEMPRE HAY ALEGRÍAS ESPERÁNDONOS

¿TODO BIEN O TODO MAL?

★ ¿Alguna vez piensas que todo irá mal?

★ ¿Alguna vez has pensado que algo iría mal y no ha sido así?

★ ¿Eres más pesimista u optimista?

PREGUNTA CLAVE

★ ¿Crees que la vida tiene un sentido o que todo es fruto del azar?

★ ¿QUÉ ES **LA VOLUNTAD?** ★

★ FILO**POESÍA** ★

Cuando ves a personas
en una depresión encerradas,
entre la tristeza y la confusión
siempre te embarga la desilusión.

Y si un día quieres experimentar
la impotencia de cambiar,
pon en lo más alto de la lista
tu lado pesimista.

Schopenhauer estará orgulloso
de su discípulo hacendoso.
Para evitar sueños feos
¡frena todos tus deseos!

Usamos la palabra *voluntad* para referirnos a la fuerza que nos impulsa a obtener algo. La fuerza de voluntad para nosotros es la determinación para llegar a alcanzar un objetivo.

Ejemplo: ¡para estudiar inglés, hace falta fuerza de voluntad!

Para Schopenhauer, la voluntad no se origina en nuestro interior, sino que es una fuerza externa que nos impele a hacer las cosas que la ayudan a mantenerse viva. Por ejemplo, desear algo siempre.

¡Desea más!

¿QUÉ ES **LA VOLUNTAD DE VIVIR?**

★ UNA FUERZA QUE SUBYUGA ★

En la fiesta de Halloween, Sara había dejado a Arturo con un grupito de amigos para ir a comer patatas fritas y al volver se lo encontró de pie encima de una silla pronunciando estas palabras:

—¡Hay una fuerza maligna que nos gobierna a todos! Esta fuerza nos impulsa siempre a desear cosas distintas, a reproducirnos y a mantenerla viva. La vida no tiene un propósito, todos estamos condenados a la infelicidad.

Juana intervino:

—¿Es igual de poderosa que la Fuerza Jedi de *La guerra de las galaxias*?

A lo que Arturo respondió:

Usamos la expresión *voluntad de vivir* para indicar que la vida es bella. Schopenhauer, al contrario, creía que el mundo no tenía ningún sentido y que vivir solo traía dolor.

—Sí, igual de potente, pero maligna. La de los Jedi era energía positiva que llevaba amor, la nuestra es una voluntad ciega que solo trabaja para sí misma. El único modo de derrotarla es dejar de desear. ¿Lo entendéis? Se acabó ir de compras, se acabó comer hamburguesas, se acabaron los videojuegos, los teléfonos móviles y los regalos. Se acabó también enamorarse de alguien. ¡Debemos dejar de desear cualquier cosa!

Al principio los chicos que lo escuchaban se asustaron, pero terminaron dedicándole un gran aplauso.

¡Creyeron que estaba interpretando el papel más aterrador de la fiesta de Halloween y pensaron que lo había hecho genial! Él, en cambio, todo lo que había dicho lo creía de verdad.

**VOLUNTAD DE VIVIR
=
LA FUERZA QUE MUEVE TODO EL UNIVERSO Y QUE PIENSA SOLO EN MANTENERSE VIVA, USANDO A LOS SERES HUMANOS PARA SUS PROPIOS PROPÓSITOS**

SIN LLEGAR A SER PESIMISTA COMO SCHOPENHAUER, ¿QUIERES APRENDER (un poquito) A RESISTIRTE A LOS DESEOS?

Hace falta un poco de soledad para escucharse a sí mismo.
En la soledad la mente se despeja de los pensamientos
(también de los proyectos) y se encuentra el centro de uno mismo.
¡Y los deseos disminuyen!

¡TAMBIÉN LA MÚSICA Y LA PINTURA FAVORECEN LA RESISTENCIA A LOS DESEOS!

¡ES EL MOMENTO DE DESEAR MENOS COSAS!

CARLOS
Y EL TRABAJO INJUSTO

¿SOLO SE TRABAJA POR DINERO?

La madre de Carlos, la señora Rosalía, era una gran costurera, le apasionaba su oficio y confeccionaba vestidos muy hermosos. Cada vez que terminaba una prenda la observaba con admiración y estaba orgullosa de sí misma por haber dado vida a algo que antes solo se encontraba en su mente.

Cuando la familia de Carlos empezó a tener problemas económicos porque su padre había perdido el trabajo, la señora Rosalía se propuso ayudar y encontró un empleo en una fábrica: su trabajo consistía en coser cremalleras a los estuches.

Pensó que era afortunada porque coser le gustaba mucho, pero cada día que transcurría Carlos la veía más triste. Por eso, en una ocasión decidió seguirla a hurtadillas y comprobó que se pasaba toda la jornada sentada delante de una máquina de coser y que hacía un trabajo terriblemente repetitivo. Una chica le llevaba las piezas de los estuches cortadas y ella solo tenía que coser la cremallera. Lo hacía doscientas veces en una jornada, todos los días que trabajaba.

La creatividad de su madre se había esfumado, ya no tenía ganas de salir de excursión el domingo ni de emocionarse cuando veían películas románticas. Además, lo que le pagaban no le alcanzaba ni siquiera para cubrir los gastos.

Su jefe estaba pensando en nombrarla responsable del taller y cada vez le pedía que hiciera más horas extras, y ella se lo agradecía siempre en lugar de rebelarse.

Carlos entendió que lo que estaba sucediendo era terriblemente injusto, y que un trabajo no puede y no debe quitar las ganas de vivir. Un trabajo tiene que aportar satisfacción a quien lo lleva a cabo y ofrecer un salario proporcional a lo que uno produce.

KARL MARX es el filósofo alemán, nacido en 1818, en el que se inspira esta historia. El pensamiento de Karl Marx fue muy difundido y cambió la política mundial. Marx vivió casi toda su vida en Londres durante la Revolución Industrial. Centró su atención en las condiciones de los trabajadores y buscó la manera de cambiar la sociedad que los condenaba a vivir en condiciones infrahumanas. Junto con su colega Engels, creó el movimiento comunista.

★ ¿QUÉ ES **LA ECONOMÍA?** ★

Por Navidad regaladme solo dinero...

¡Soy CAPITALISTA!

LA PALABRA *ECONOMÍA* SIGNIFICA «CIENCIA DE LAS CUENTAS DE CASA».

ECONOMÍA ACTUAL
=
CIENCIA QUE ESTUDIA LA PRODUCCIÓN DE LAS COSAS Y SU VENTA

¿QUIEN PAGA MANDA?

★ ¿Alguna vez has observado una injusticia que tenga que ver con la pobreza?

★ ¿En alguna ocasión te has sentido afortunado por todo lo que tienes, por poder estudiar o practicar algún deporte?

★ ¿Piensas que pasar tiempo con las personas que quieres es algo normal que todos los chicos y chicas pueden hacer?

PREGUNTA CLAVE

★ ¿Consideras que la riqueza debería estar mejor repartida?

★ ¿QUÉ ES **EL CAPITALISMO?** ★

El capitalismo es el sistema económico en el que los trabajadores ponen a disposición de otros su trabajo, que se utiliza para obtener beneficios.

BIEN DE USO
=
ALGO QUE SE NECESITA PARA VIVIR

BIEN DE INTERCAMBIO
=
ALGO QUE SE PRODUCE PARA REVENDER Y GANAR DINERO

★ FILO**POESÍA** ★

Siento rabia ante la codicia
y al ver tanta injusticia
por eso mi voluntad
es dar a todos dignidad.

Cuando naces rico y acomodado
eres un chico afortunado,
tendrás la posibilidad
de estudiar en libertad.

Cuando, en cambio, vienes al mundo
en un lugar feo e inmundo,
naces ya sin posibilidades
y con muchas necesidades.

Quiero impulsar a la acción,
hacer la revolución…
¡contra el viejo inmovilismo
he inventado el comunismo!

Ejemplo: un club de fútbol adquiere a un jugador para ganar dinero con su venta y no para que rinda mucho en el equipo.

El pensamiento de Marx logró poner bajo el foco la idea del **consumismo** = sistema en el que se empuja a las personas a comprar cada vez más cosas que no necesitan para vivir.

¿QUÉ ES **EL COMUNISMO?**

¡SE ME HAN LLEVADO EL TIEMPO!

Mateo se quería despertar tranquilamente. Desde que abría los ojos tenía mucho que hacer, por ejemplo mirar el techo, pensar en lo que estaba creciendo y disfrutar cada momento que pasaba con su madre, que era realmente muy tierna y olía muy bien.

Pero, por desgracia, por la mañana la casa parecía un cuartel del ejército y no había manera de entretenerse en emociones ni siquiera diez minutos. Para él, no era justo y cada mañana se despertaba un poco antes porque no quería llegar tarde al cole.

Hasta que un día entró en crisis y sintió que no podía levantarse si antes no se concentraba en sí mismo. Así que se tomó diez minutos preciosos y llegó tarde al cole.

Al entrar en clase, le dijo a la maestra:

—Si quieres, puedes ponerme una nota en la agenda, pero no he podido hacerlo de ninguna otra manera. Necesitaba tiempo para mí. También he hecho llegar tarde a mi mamá, pero era importante, somos seres humanos. En lugar de perseguir el dinero se debería perseguir el bienestar de todos los seres humanos. Si quitamos a los hombres, a las mujeres y a los niños el derecho de tener tiempo para pensar, escuchar y ser conscientes de que están vivos, nunca habrá felicidad.

La maestra al final no escribió ninguna nota y cuando llegó a su casa se tumbó en la cama con su hija para mirar el techo.

Según Marx, para que los trabajadores no sean explotados, las empresas no deberían ser propiedad de personas individuales sino de los mismos trabajadores.

¡Las fábricas... para los trabajadores!

**COMUNISMO
=
UN SISTEMA EN EL QUE TODA LA RIQUEZA Y LOS BIENES SE DISTRIBUYEN ENTRE TODOS Y SE ELIMINAN LAS DESIGUALDADES**

El pensamiento de Marx se aplicó de manera parcial y sin miramientos, y no llevó al bienestar prometido. El comunismo se ha convertido en un sistema político en el que el Estado tiene la propiedad de las empresas y a menudo los trabajadores siguen siendo explotados.

APRENDE A DAR VALOR A LAS COSAS QUE TE PROPORCIONAN SATISFACCIÓN.

MARX SOSTENÍA QUE LAS PERSONAS, CUANDO DEDICAN SU TIEMPO A ALGO, DEBEN OBTENER SATISFACCIÓN Y UN RECONOCIMIENTO.

1 Escribe una acción que te guste mucho (por ejemplo, jugar al fútbol, crear pulseras, dibujar...).

. . . .

. . . .

2 Ahora escribe qué tipo de satisfacción obtienes cuando lo haces.

. . . .

. . . .

. . . .

. . . .

. . . .

. . . .

. . . .

. . . .

. . . .

¿Dejarías de hacer algo que te gusta mucho... si te pagasen para no hacerlo? ¡NO!

EL FIN DE LAS ACCIONES QUE NOS HACEN FELICES ES ESTAR MEJOR, NO ENRIQUECERNOS.

¡FEDERICA SE EXALTA SOLA!

¿SE PUEDE SER COMPETITIVO A CUALQUIER PRECIO?

Federica era una chica muy enérgica: cada vez que participaba en las competiciones deportivas del colegio llegaba a casa con grandes resultados.

Cuando entraba en el domicilio familiar, tiraba la mochila sobre el sofá y gritaba:

—¡Aquí estoy! ¡Soy la mejor!

Y su madre siempre intentaba corregirla:

—Federica, eso no tienes que decirlo tú, ¡deja que sean los otros los que te feliciten!

Pero ella insistía:

—¿Por qué no puedo decirlo si lo pienso? ¡Yo quiero ser la mejor y cuando lo consigo me gusta proclamarlo a los cuatro vientos! Si no lo hiciera, sería falsa.

Su madre intentaba explicárselo:

—No hay nadie mejor que otro en general, a cada uno se le dan bien unas cosas y no unas otras.

—Es cierto —respondía Federica—, pero cuando consigo alcanzar mis objetivos, dejádmelo celebrar. ¡Quiero celebrar mi capacidad!

—Pero así vas a caer mal a los demás niños.

—Me da igual, ¡de verdad! ¡Quiero ser la mejor y punto!

Aunque temía que el discurso de Federica fuera peligroso para su equilibrio, su madre también sentía admiración al ver a su hija tan determinada. Así que al final trató de no corregir esa particularidad y le dejó libertad para expresarse y también para equivocarse.

Al crecer, Federica se dio cuenta de que la opinión de algunas personas sí que le interesaba y que felicitarse a uno mismo no era lo ideal. Así pues, continuó ganando competiciones y aprendió a vivir de una manera más equilibrada y sociable, pero lo hizo después de haberlo elegido ella misma.

FRIEDRICH NIETZSCHE es el filósofo alemán, nacido en 1844, que inspira esta historia. Nietzsche fue uno de los pensadores más controvertidos no solo por sus ideas, sino también por cómo expresaba su pensamiento, a menudo en forma de cuentos, frases breves o poesías. Quería que los hombres abandonaran la vieja visión del mundo y se convirtieran en «superhombres», asumiendo la responsabilidad de su singularidad sin preocuparse de lo que decía la religión o la tradición. Imaginaba una vida que se pudiera vivir con la máxima pasión y audacia. Durante los últimos años su salud mental se vio afectada y fue internado en un manicomio.

★ ¿QUÉ ES **UN PROFETA?** ★

UN PROFETA ES UNA PERSONA QUE PASA MUCHO TIEMPO AISLADO Y TIENE VISIONES SOBRE CÓMO SERÁ EL HOMBRE DEL FUTURO.

¿Qué has hecho con las témperas?

¡Estoy convirtiendo mi vida en una obra de arte!

Nietzsche se imagina al profeta Zaratustra volviendo entre los hombres para hablar del superhombre.

El profeta Zaratustra enseña a los hombres a vivir la vida de una manera inconformista y extraordinaria como si fuera una obra de arte.

SUPERPREGUNTAS

★ ¿Alguna vez te has sentido muy bueno en algo y has querido decírselo a todo el mundo?

★ ¿Qué sientes cuando un amigo tuyo te comunica que es un campeón?

★ ¿Te gusta competir?

PREGUNTA CLAVE

★ ¿Crees que el ser humano ha llegado al máximo de su potencial?

★ ¿QUÉ ES **EL SUPERHOMBRE?** ★

★ FILO**POESÍA** ★

Cada día tienes que luchar
para sentirte excepcional,
pon empeño y pasión
en el pensamiento y en la acción.

De acuerdo, quizá he exagerado,
pero por fin mi papel he encontrado.
Incito a actuar con heroísmo
contra el individualismo.

En un mundo nuevo como el vigente
un superhombre debe estar presente
para salir con audacia a la pista
¡y ser el gran protagonista!

Cuando pensamos en la palabra «superhombre» nos viene a la mente Superman. Nietzsche, en cambio, usaba esta palabra para referirse a que cada persona tiene que superar sus propios límites, sin temer lo que dirán de él, para expresar su naturaleza única.

¡SOLO SE VIVE UNA VEZ!

Tenemos que hacernos las preguntas más profundas que podamos para escoger aquello que nos permitirá obtener el máximo y vivir cada experiencia al cien por cien, sin juzgarnos.

¿QUÉ ES APOLÍNEO Y DIONISÍACO?

DOS PARTES DE MÍ

Cuando Ginebra se enfadaba, se ponía hecha una fiera. No lo hacía conscientemente. Era como si tuviera un volcán dentro y necesitaba gritar con todas sus fuerzas. Cuando estaba triste, era verdaderamente inconsolable y cuando estaba contenta, era explosiva y contagiosa. Estos excesos no gustaban mucho a su familia ni tampoco a la maestra, y todos intentaban dominarla diciéndole que tenía que controlarse. Durante una clase sobre los dioses de la Antigua Grecia quedó especialmente impresionada por dos divinidades: Apolo y Dionisio.

Apolo era el dios de la belleza, del equilibrio, de las cosas luminosas y racionales. Representaba todo lo que los demás hubieran querido de ella. Dionisio, en cambio, era el dios de las cosas excesivas, pasionales e irracionales. Reflejaba, pues, lo que Ginebra sentía con más intensidad. Intentó seguir los consejos de aquellos que la querían bien y pensó que sería mejor acercarse al máximo a los mensajes que transmitía Apolo, pero no le fue muy bien. Controlarse era una pesadilla, se sentía incapaz, asustada y hasta le parecía que le empezaban a salir sarpullidos en los brazos. Dionisio, ese lado pasional e incontrolable, era una parte de su personalidad y no podía renunciar a ella, no podía domesticarla solo porque los demás lo deseasen. Así aprendió a albergar en su interior su lado más primitivo, empezó a pintar al óleo y a representar manchas de colores muy vivos. En el lienzo ponía toda su pasión y esto la ayudó a descargar gran parte de su energía sin tener que obedecer a nadie.

NIETZSCHE SOSTENÍA QUE NUESTRO LADO DIONISÍACO, EL PASIONAL, DOMINA MÁS QUE EL APOLÍNEO (RACIONAL).

JUSTO LO CONTRARIO DE LO QUE DECÍA PLATÓN SOBRE EL CARRO ALADO.

VÍSTETE DE PROFETA E IMAGINA UN NUEVO «HOMBRE» MEJOR DEL QUE YA EXISTE.

¿QUÉ CARACTERÍSTICAS TE GUSTAN DE LOS SERES HUMANOS QUE VES HOY?

¿Qué características debería tener un ser humano nuevo, mejor del que existe actualmente?

¡Escríbelo en este **pergamino**!

¡TODOS LOS HOMBRES Y MUJERES PUEDEN MEJORAR!

¡TAMBIÉN TÚ!

GUSTAVO Y EL PELIGRO DE LA
INDIVIDUACIÓN

⭐ —————————————————————————————— ⭐

¡SOLO DEBEMOS SER QUIENES SOMOS!

El padre de Gustavo era pianista, pero no era un pianista cualquiera, ¡era uno de los mejores del mundo! Cuando Gustavo lo veía tocar, lo notaba feliz y extremamente concentrado.

Evidentemente, el pianista deseaba con toda su alma que su hijo también fuera músico; le daba igual qué instrumento escogiera, siempre que hiciera de la música su vida. Para él no había nada mejor en el mundo. Gustavo tocaba el violín, pero a menudo cuando iba a clase se distraía, de modo que el profesor le llamaba la atención y una y otra vez le recordaba lo bueno que era su padre.

Desde la ventana de su habitación, Gustavo siempre observaba a los niños jugar al fútbol y se emocionaba con la simple idea de vestir él también los colores de un equipo y correr por el terreno de juego. Pero no se atrevía a decirlo en casa.

Una vez, cuando volvía del colegio, los compañeros de Gustavo lo invitaron a jugar, pero su padre contestó que no podía porque tenía que practicar una melodía con el violín.

Esa misma noche, Gustavo soñó que un ladrón entraba en su habitación y le robaba la caja mágica de su tesoro. Se despertó sudado y muy agitado. Durante todo el día continuó pensando en aquel sueño hasta que al final entendió que esa caja era su alma y que la voluntad de su padre lo estaba alejando de su verdadera naturaleza. Reunió el valor necesario para hablar con él. Su padre no se lo tomó muy bien pero lo escuchó.

¡Ahora Gustavo juega en el equipo del pueblo y es feliz!

CARL GUSTAV JUNG es el filósofo y psicólogo suizo, nacido en 1875, en que se inspira esta historia. Jung se ocupó de muchísimas cosas, todas ellas dirigidas a entender el funcionamiento de la mente (psique) humana. Estudiando muchas culturas, occidentales y orientales, se dio cuenta de que todos los hombres del mundo tenían cosas en común y se emocionaban de la misma manera. A esos elementos comunes los llamó *arquetipos*. Sostuvo que en la mente de cada uno de nosotros hay una dimensión misteriosa y compartida por todos los seres humanos, que denominó *inconsciente colectivo*. Según Jung, desde niños llevamos dentro una «misión» que debemos descubrir y realizar con la ayuda de los arquetipos que nos encontremos por el camino.

★ ¿QUÉ ES **LA INDIVIDUACIÓN?** ★

¿Te has duchado?

¡No! ¡Me he sumergido en la bañera del inconsciente!

Para Jung todos nacemos con un proyecto que debemos realizar = ser nosotros mismos. Debemos sacudirnos de encima las expectativas que nuestros padres han depositado en nosotros y entender quiénes somos en realidad.

INDIVIDUACIÓN = CONVERTIRSE EN INDIVIDUOS REALIZADOS

Nuestra semilla debe convertirse en nuestra planta: ¡si somos cerezas, no podemos convertirnos en naranjas! Y cuando lo conseguimos, ¿qué pasa? En ese momento el alma vuelve a casa y se une al alma del mundo. Todos somos uno.

¡PREGUNTAS PROFUNDAS!

★ ¿Alguna vez has tenido la sensación de que las personas que están cerca de ti desean que hagas algo porque les gusta a ellas?

★ ¿Te sientes libre de decir que no si te obligan a hacer algo que no se ajusta a tu naturaleza?

★ ¿Alguna vez has pensado que tienes alguna característica única en tu familia?

PREGUNTA CLAVE

★ ¿Estás dispuesto o dispuesta a luchar para convertirte en quien realmente eres?

★ ¿QUÉ ES **EL INCONSCIENTE?** ★

★ FILO**POESÍA** ★

Todo está relacionado,
la vida sigue un trazado,
pero solo su camino ha encontrado
aquel que se lo ha imaginado.

Buscando entre direcciones
encuentras muchas indicaciones
en tus sueños y en las señales
¡que no son todos iguales!

Presta atención a cualquier cosa,
el universo es una rosa:
los pétalos te llevan al centro
hasta que vibres por dentro.

Cada uno tiene su ideario,
cada río su estuario:
cuando el río llega al mar,
el alma consigue apaciguar.

INCONSCIENTE = la parte de nuestra mente que no conocemos. **Ejemplo**: los deseos más profundos y los miedos más ocultos. La finalidad del inconsciente es ayudarnos a abrazar todas y cada una de las partes que hay en nosotros, sobre todo las más misteriosas.

INCONSCIENTE INDIVIDUAL = las cosas profundas que hay en nuestro interior.

INCONSCIENTE COLECTIVO = las cosas profundas comunes a toda la humanidad. **Ejemplo**: la idea de la madre, del padre, del anciano, del niño, del guerrero y de muchos otros.

TODOS los seres humanos comparten el inconsciente colectivo.

¿QUÉ ES **UN ARQUETIPO?**

¿QUIÉNES SON LA BELLA Y LA BESTIA?

Ya casi era Navidad y la maestra, el día antes de empezar las vacaciones, quiso que los alumnos y alumnas de la clase vieran la película *La Bella y la Bestia*. Todos pensaban que al terminar la proyección ya no harían nada más, pero, en cambio la maestra empezó a plantearles preguntas sobre la película. ¡Qué aburrimiento!

La maestra les preguntó cómo se habrían comportado ellos con la Bestia si hubieran estado en el lugar de Bella. El tema despertó interés. Casi todos habrían huido. Y es que la Bestia realmente da miedo: representa nuestro terror más profundo.

Lin, una muchacha muy callada, dijo algo que los dejó de piedra:

—En mi opinión, la Bella y la Bestia son dos partes de nosotros. La Bestia es todo lo que no nos gusta de nosotros pero que debemos aprender a amar, igual que ha hecho Bella. La Bestia son nuestros defectos, las emociones que preferiríamos no sentir, como la envidia, la rabia y todo lo que nos asusta.

Desde ese día todos los niños y niñas, cuando veían la película, sentían mucho más afecto por la Bestia, y notaron que abrazar todas las partes que llevamos dentro es lo más difícil del mundo.

Para Jung, cada uno de nosotros tiene una sombra, que es la parte de él que no le gusta y le da miedo, pero para ser felices todos debemos aceptar nuestra sombra y entender que forma parte de nosotros. La sombra es un arquetipo, o una imagen común a todos los seres humanos.

**ARQUETIPOS
=
IMÁGENES QUE GENERAN ESTADOS DE ÁNIMO PROFUNDOS, CONDICIONAN NUESTRA VIDA Y NUESTROS COMPORTAMIENTOS**

TU SOMBRA = tus defectos que no soportas.

¡CONVIÉRTETE EN UN HÉROE JUNGUIANO!

PARA JUNG, EL PROCESO DE INDIVIDUACIÓN PUEDE SER VISTO COMO EL VIAJE DE UN HÉROE. ¡EN ESTA PELÍCULA EL PROTAGONISTA ERES TÚ!

Héroe (escribe tu nombre): ....

Ayudante del héroe (escribe quien te ayuda): ....

Objetivo del héroe: ¡ser tú mismo!

Sueño del héroe: ....

Obstáculos: ....

Obstáculo dificilísimo de superar: ....

Armas que necesitamos: ....

Batalla final: ....

¡TRIUNFO DEL HÉROE!

¿QUÉ PUEDE HACER EL HÉROE TRAS HABER CONSEGUIDO SU OBJETIVO PARA MEJORAR LAS VIDAS DE OTRAS PERSONAS?

¡FELICIDADES!

¡ERES EL MEJOR HÉROE DE LA PELÍCULA DE TU VIDA!

EL SILENCIO TAMBIÉN
CUENTA

NO SE PUEDE HUIR DE LA LIBERTAD

Desde hacía unas semanas a Juanito no le gustaba ir al colegio. Cada vez que se encontraba a Tomás, este le hacía el gesto con las manos que se usa en los videojuegos para decir a alguien «Eres un *loser*», o un perdedor.

Juanito estaba en apuros y no podía dejar de pensar: «¡Espero que hoy no la tome conmigo!». Esa mañana suspiró aliviado porque Tomás se burlaba de otro niño, más pequeño de estatura.

Después de la sensación de alivio inicial, Juanito pensó que quedarse callado y quieto sin salir en defensa del niño más pequeño no era justo y que de alguna manera su silencio era una forma de complicidad con Tomás.

En ese momento entendió que cualquiera de nuestras acciones, incluso no hacer nada, es siempre una elección que trae consigo consecuencias.

A pesar del miedo que sentía, Juanito intervino para defender al niño más pequeño. Con un hilo de voz, dijo:

—¡Ya basta, Tomás, eres insoportable!

No consiguió gran cosa pero sintió que había hecho algo para ayudar a su amigo en apuros. El niño más pequeño apreció tanto el gesto que fue él mismo quien respondió con contundencia a Tomás: el gesto de Juanito le había dado fuerza y confianza. Ahora eran un equipo.

JEAN-PAUL SARTRE es el filósofo, nacido en París en 1905, que inspira esta historia. Sartre sostenía que todo individuo es libre y responsable de las decisiones que toma y que no puede no asumir la responsabilidad de sus acciones, incluso cuando quiere esconderse, porque *no actuar* significa *actuar*. Fue un filósofo innovador y muy introspectivo y dio lugar al movimiento existencialista, que sostiene que, más allá de cualquier patrón y hábito, cada hombre es responsable de su propia existencia.

★ ¿QUÉ ES **LA RESPONSABILIDAD?** ★

Mamá, ¿a qué hora me tengo que dormir?

¡Tú decides!

¡BUF! ¡Deja ya de obligarme a ser libre!

LA PALABRA *RESPONSABILIDAD* DERIVA DE LA PALABRA *RESPONDER*. SE RESPONDE A UNA LLAMADA.

RESPONSABLE
=
AQUEL QUE SE COMPROMETE A REALIZAR LO QUE HA DICHO. AQUEL QUE ES CAPAZ DE RESPONDER DE SUS PROPIAS ACCIONES

PREGUNTAS EXISTENCIALES

★ ¿Te sientes libre de elegir?

★ ¿Consideras que alguien o algo te impide hacer lo que crees que es correcto?

★ ¿Estás dispuesto a luchar por principios justos?

PREGUNTA CLAVE

★ ¿Alguna vez has deseado no ser libre para no tener que tomar decisiones difíciles?

★ ¿QUÉ ES **EL EXISTENCIALISMO?** ★

EXISTENCIALISMO
=
CREER QUE CADA PERSONA CON SUS DECISIONES ES RESPONSABLE DE SU PROPIA EXISTENCIA

No son las circunstancias las que determinan nuestras decisiones.

¡TODO SON EXCUSAS!

Nosotros determinamos nuestra existencia.

★ FILOPOESÍA ★

Un existencialista
en lo alto de la lista
sitúa la libertad
de la responsabilidad.

Y no vale quedarse callado
ni cuando nadie te ha detectado
porque incluso el silencio
pude contar como asenso.

Sartre llama *intención*
a lo que guía tu acción,
escoge bien qué vas a hacer
¡porque con ello vas a crecer!

¿QUÉ ES UN **OBJETIVO JUSTO?**

MEJOR JUSTO QUE ALCANZABLE

Martina se encargaba de hacer la recogida selectiva y se había dado cuenta de que en el colegio solo algunos niños separaban el papel. ¿Tenéis idea de todo el papel que se tira en las escuelas?

Así que decidió ir a todas las clases para sensibilizar a todo el mundo de la importancia de separar el papel y preguntó a Clara si quería ir con ella. Clara le dijo que lo que se proponía era una misión imposible: ¡nunca lograría convencerlos a todos para que separaran el papel!

—¡Cada uno hará lo que le parezca!

Martina respondió:

—Puede que tengas razón, pero no tenemos que hacer las cosas que son posibles, sino las que son correctas, aquellas en las que creemos de verdad. Yo lucharé incluso sabiendo que no lo lograré, porque esta lucha es necesaria para ser quién soy, independientemente del resultado. Si resulta que esta manera de actuar influye en otros niños, ¡pues mejor!

Clara admitió que quizá tenía razón: su determinación la había influenciado. Acto seguido, empezaron a recorrer todas las clases.

Somos las decisiones que tomamos. Nuestras acciones determinan quienes somos.

Albus Dumbledore

LOS HÁBITOS
=
LO QUE SIEMPRE HEMOS HECHO O PENSADO.
¡LOS HÁBITOS NOS LIMITAN A CONVERTIRNOS EN LO QUE QUEREMOS SER!

¿QUIERES ESTAR SOCIALMENTE COMPROMETIDO?

- ¿Tienes ideales?

....
....
....

- ¿Crees que tus acciones pueden marcar la diferencia?

....
....
....

- ¿Piensas que tienes que comprometerte en primera persona?

....
....
....

- ¿Qué crees que podrías hacer en el colegio que tú consideres oportuno, aunque todos piensen que es imposible?

....
....
....

NUNCA CREAS QUE ERES DEMASIADO PEQUEÑO PARA CAMBIAR EL MUNDO.

NO ME DEIS UN ROL
¡SOY UNA CHICA!

★ ── ### SIMONA HACE OÍR SU VOZ ── ★

A Simona nunca le había gustado jugar con muñecas, ni cuando era muy pequeña. Sus padres probaron con todas las que encontraron en el mercado porque, como era una niña, tenía que hacer cosas de niñas. Pero ella, a las muñecas, los peluches y las cocinitas, los encontraba tremendamente aburridos. Sus padres y sus abuelos, tras mucho insistir, entendieron que a Simona no le gustaban esos juegos y para que no se sintiera menos querida decidieron que si prefería juegos de chicos se los comprarían. Así que le regalaron una equipación completa de fútbol, una pistola espacial y naves de la policía galáctica. Esperaban que con eso fuera finalmente feliz, pero una vez más vieron la desilusión reflejarse en su rostro. Entonces Simona les dijo lo que pensaba:

—Que no me gusten los juegos típicamente femeninos no quiere decir que me gusten los masculinos. Por favor, ¡intentad salir de ese patrón de femenino y masculino! A mí me gusta correr, estar al aire libre, jugar al tenis, dibujar y montar en bici. Yo quiero vivir a mi manera, no según los esquemas publicitarios que vemos en la tele. ¡Una niña no es un «no niño», es una persona y punto!

Sus padres no lo entendieron... pero ella ya había iniciado su lucha por la igualdad y la independencia.

SIMONE DE BEAUVOIR, nacida en París en 1908, es la filósofa en la que se inspira esta historia. ¿Y por qué en este libro hay solo una mujer entre tantos filósofos? Porque, igual que ocurre en muchos otros campos, las mujeres a lo largo de la historia han tenido menos posibilidades que los hombres para expresarse y hacerse famosas e influyentes. De Beauvoir dedicó toda su vida a estudiar precisamente el papel de la mujer en la sociedad moderna y luchó con toda su alma por la igualdad de oportunidades que debían tener hombres y mujeres a la hora de elegir qué tipo de vida querían vivir. Hoy, en todo el mundo las filósofas son muchas y tan importantes como sus colegas masculinos.

★ ¿QUÉ ES **EL FEMINISMO?** ★

Las maestras son feministas.

¿Qué quieres decir?

¡Siempre dan la razón a las niñas!

AL CONTRARIO DE LO QUE PUEDA PARECER... FEMINISMO NO SIGNIFICA QUE LAS MUJERES SEAN MÁS IMPORTANTES QUE LOS HOMBRES, SINO QUE DEBE HABER PARIDAD DE DERECHOS ENTRE HOMBRES Y MUJERES.

PARIDAD DE DERECHOS
=
LAS MISMAS POSIBILIDADES PARA AMBOS

PREGUNTAS SOBRE LA PARIDAD

★ ¿Hoy en día una chica puede hacer exactamente lo mismo que hacen los chicos?

★ ¿Los chicos pueden hacer exactamente lo mismo que hacen las chicas?

★ ¿Los roles que en una familia desempeñan papá y mamá son intercambiables?

PREGUNTA CLAVE

★ ¿Crees que una chica tiene las mismas oportunidades que un chico a la hora de llevar a cabo el trabajo que desea?

★ ¿QUÉ SON **LOS ESTEREOTIPOS?** ★

★ FILO**POESÍA** ★

Martina y Carlos
estudiaban juntos
y leían libros
para sentirse vivos.

Los dos tenían
defectos que pervivían,
pero a todos los efectos
votos iguales y perfectos.

Cuando al final
entraron en el mundo laboral
Carlos consiguió un contrato
casi de inmediato.

El hombre es mejor…
¡Menos cambios de humor!

La mujer tendrá críos
y empezarán los líos.

El hombre es más adecuado
para llevar la empresa con cuidado,
la mujer a lo sumo
preparará el desayuno.

Así que para cambiar
todas estas situaciones
se han comprometido
personas a montones.

Simone luchó
por la libertad
porque la justicia
fuese paridad.

ESTEREOTIPOS
=
ESQUEMAS FIJOS QUE UTILIZAMOS PARA SIMPLIFICAR EL RAZONAMIENTO Y QUE NO TIENEN EN CUENTA LAS DIFERENCIAS DE CADA UNO

Ejemplo: ¡todas las abuelas cocinan bien!

¡ATENCIÓN! ¡ESTEREOTIPO!

¡Es cierto que muchas abuelas cocinan bien, pero no todas! Los estereotipos se transmiten de generación en generación. Son lo que los abuelos de los abuelos de nuestros abuelos han transmitido a sus hijos hasta hoy, reforzados por la televisión y la publicidad.

¿QUÉ ES UN ESTEREOTIPO DE GÉNERO?

CUIDADO CON LAS TRAMPAS MENTALES

Beatriz tenía nueve años, era muy simpática y amable y no tenía miedo de nadie. Cuando alguien atacaba con insultos a algún amigo suyo, ella no dudaba en defenderlo. Una mañana, un grupo de chicos mayores y algo maleducados se acercó al futbolín del bar y empezó a molestar a Jonathan porque querían que él y Beatriz dejaran de jugar. Los dos amigos ni siquiera habían terminado la primera partida, así que lo más justo era que continuaran jugando en paz. Los chicos mayores se pusieron detrás de Jonathan y empezaron a decirle que no tenía ni idea, que nunca aprendería a jugar porque era un negado y siguieron insultándolo con palabras que no hace falta repetir aquí. Lo atacaban a él con la intención de impresionarla a ella. Beatriz, al final, se apartó del futbolín y, sin ningún tipo de miedo, fue hacia los chicos mayores. Localizó al cabecilla del grupo, lo miró a los ojos y le dijo que se marcharan.

Él se echó a reír y contestó burlón:

—¡Uy, qué miedo, rubita!

Ella no se lo pensó dos veces, le inmovilizó el brazo detrás de la espalda con una llave de kárate y todos entendieron enseguida que la rubita se las apañaba muy bien.

No hizo falta nada más.

¡Beatriz y Jonathan siguieron jugando sin provocadores!

ESTEREOTIPOS DE GÉNERO

=

ESQUEMAS MENTALES VINCULADOS AL GÉNERO SEXUAL

Que un chico defienda a una chica es un estereotipo de género. Que los chicos sean fuertes y las mujeres delicadas son estereotipos de género. ¡Cada cual es cada cual y punto!

ROLES TRANSMITIDOS SOCIALMENTE

- **HOMBRE** = MASCULINIDAD (FUERZA, CORAJE, ACCIÓN, ¡NO LLORAR!)
- **MUJER** = FEMINIDAD (DEBILIDAD, PROTECCIÓN, MIEDO, FRAGILIDAD, FAMILIA/HIJOS)

¡NO ES ASÍ!

¡LUCHA POR LA PARIDAD DE GÉNERO!

¡IDENTIFICA UNA COSA QUE DIGAN QUE ES «DE CHICO» O «DE CHICA» Y DEMUESTRA QUE NO ES ASÍ!

- **Ejemplo 1** Si escuchas a un *youtuber* decir que los chicos son más buenos jugando a los videojuegos y que, mientras ellos juegan, ellas tienen que admirarlos...

  RECONOCES DE INMEDIATO EL ESTEREOTIPO DE GÉNERO Y DICES: «**¡NO ES VERDAD!** ¡CADA CASO ES UN CASO DISTINTO!».

- **Ejemplo 2** Si escuchas a tus amigos decir que un chico no debe ver películas de princesas porque es algo femenino...

  RECONOCES RÁPIDO EL ESTEREOTIPO DE GÉNERO Y DICES: «**¡NO ES VERDAD!** ¡CADA CASO ES UN CASO DISTINTO!».

¿TE HAS DADO CUENTA DE QUE EN LAS JUGUETERÍAS LOS EMBALAJES PARA LOS JUGUETES DE NIÑA SUELEN SER DE COLOR ROSA?

ESTO ES UN ESTEREOTIPO DE GÉNERO. ¡LOS JUEGOS DE NIÑAS NO EXISTEN!

EL GRAN TEST
FILOSÓFICO
HUMORÍSTICO

Sócrates era famoso por una de estas máximas:

- Lo sé prácticamente todo.
- No sé nada... pero sé más que tú siempre.
- Solo sé que no sé nada.

Platón creía que después de la muerte el alma...

- Se evaporaba como la nieve bajo el sol.
- Volvía a ocupar otro cuerpo.
- Decía: «¡Eso es todo!».

Aristóteles creía que el orden...

- Era una obsesión de su madre.
- Era necesario para pensar.
- Era una manera infalible para que te dijeran «¡Muy bien!».

San Agustín pensaba que la vida interior era...

- Algo terriblemente aburrido.
- El único modo de encontrarse a sí mismo.
- Un problema que debía resolverse.

Lao Tse creía que los opuestos...
- Luchan hasta que uno gana sobre el otro.
- Son complementarios.
- Tienen que retarse a jugar un derbi de fútbol.

Santo Tomás creía que el motor inmóvil era...
- El del coche de su abuela.
- Un artilugio vago.
- Dios.

Para Hobbes, el Leviatán era...
- Un monstruo marino que representaba el Estado.
- Un tipo de levadura para pasteles.
- Un mal jugador de fútbol que toca la pelota con las manos sin que lo vean.

Para Descartes, el método era...
- Una obsesión insoportable de su maestra.
- Un estorbo cuando tienes prisa.
- El camino que hay que seguir para llegar a un resultado.

Leibniz llamaba concatenación a...

- La conexión existente entre los acontecimientos de la vida, que nunca son casuales.
- La maestra cuando obligaba a hacer los deberes.
- La abuela cuando lo obligaba a terminarse todo lo que tenía en el plato.

Para Locke, tabla rasa significa:

- Raparse el pelo al cero con la maquinilla.
- Que nuestra mente al nacer no contiene ninguna información.
- La cena del viernes por la noche cuando mamá no ha hecho la compra.

Kant creía que la justicia era...

- Derrotar a sus oponentes cuando jugaba en casa.
- Ir al cole solo tres días a la semana.
- Un sentido innato que hay dentro de cada uno de nosotros.

Rousseau pensaba que el buen salvaje era...

- El cuidador del zoo que da de comer a los hipopótamos.
- Su hermano cuando sin maldad le destruía los juegos.
- El ser humano antes del establecimiento de la sociedad.

Hume definía como escéptico…

- A quien no creía en nada hasta que quedaba demostrado que era justo así.
- A quien no entendía casi nada cuando la maestra explicaba algo.
- A quien comía sin sal.

Hegel pensaba que «tesis, antítesis y síntesis» eran…

- Los anuncios de un yogur especial que ayudaba a ir al baño.
- El desafío, la revancha y la victoria al futbolín.
- Las tres fases de cada proceso de crecimiento.

Schopenhauer sostenía que te puede salvar del pesimismo…

- Ganar la Champions League.
- El arte de la meditación.
- Ganar el euromillón.

Nietzsche creía que el superhombre era…

- La futura dimensión del ser humano.
- El tipo más guay del cole, o sea él.
- Un superhéroe con bigote y una superfuerza.

Marx sostenía que el capitalismo era...

- Querer a toda costa que la ciudad donde vives sea la capital de tu país.
- Acumular dinero a partir del trabajo de otros.
- Lo que pasa cuando no se presta atención al lugar donde se plantan los pies.

Para Jung, el inconsciente colectivo era...

- Una obsesión que nos cogía a todos por Navidad.
- Un modo amable para ofender a alguien.
- El conjunto de símbolos comunes a todo el género humano.

Simone de Beauvoir pensaba que el feminismo era...

- Una manía de las madres que obligan a las niñas a ir a clases de danza.
- Una cura contra la grosería.
- La paridad de derechos y oportunidades entre hombres y mujeres.

Sartre creía que no posicionarse en la vida...

- Era lo mejor que se podía hacer.
- Era imposible porque incluso cuando te callas y te quedas quieto apruebas o desapruebas lo que ves.
- Era la solución a todos los problemas de un chico.

EPÍLOGO

Este libro se creó para acercar la filosofía a los chicos y chicas, y favorecer así la introducción del pensamiento complejo en la vida cotidiana.

Ha sido un verdadero reto llegar a simplificar y a ejemplificar de una manera agradable lo que suele verse como algo difícil e indescifrable, y desde el principio se tomó la decisión acertada de «dejar entrever una dirección».

Estas páginas quieren ser el primer paso hacia un mundo que es importante sentir como familiar para poder, luego, profundizar en él con toda tranquilidad. La filosofía nos pertenece como seres humanos que somos.

Habrá muchas ocasiones para dar mayor profundidad al pensamiento pero solo existe una primera vez, y hemos hecho todo lo posible para que esta fuera asociada al placer, a la diversión y a la vida cotidiana de los niños y niñas.

Por este motivo, hemos utilizado una técnica de exposición que se basa en la comunicación visual. Los conceptos se presentan de una manera didáctica, sin pedantería y como si fueran guijarros que se lanzan con cuidado en un lago formando círculos concéntricos sin fin.

¡Lo he entendido!

Hemos observado a muchos niños y niñas leer este libro. Enseguida sienten que se trata de algo distinto respecto a lo que se han ido encontrando hasta ahora. Entran en un estado de concentración y al final de cada capítulo levantan la cabeza y todos dicen lo mismo:
—¡Lo he entendido!

Sienten alegría porque se dan cuenta de que había algo que entender, de que en las historias y las actividades que se encontraban entre las páginas había conceptos expresados más o menos metafóricamente.

Y al final decir «¡Lo he entendido!» es una gran satisfacción que todos querríamos experimentar, entusiásticamente, cada día.

AGRADECIMIENTOS

Dar las gracias es algo muy bonito y me gustaría disponer de quince páginas para mencionar a todas las personas que me han ayudado, inspirado, motivado y frenado en los momentos de excesiva euforia.

A mis padres, mi hermana, Mora (mi marido) y mis hijos, Pippo y Teo, que han hecho posible como nadie la publicación de este libro. A mis sobrinos Ari, Bea, Sofi y July.

A Barbara Migotto, que me encontró en Instagram y me ha guiado de la mejor manera posible; a Alessia Gazzola, que con una sola llamada me cambió la vida y que con sus libros me salvó de las animaciones del *camping* el verano de hace dos años: ¡Gracias *forever*, Gazzy!

A Laura De Tomasi, la mejor consejera filosófica del mundo; a Viola Cagninelli, la única mujer que consigue ponerme a raya; a Mariagrazia Mazzitelli, por su lúcida locura; Sara Pietrafesa, por coordinar la redacción, y a Alessio Scordamaglia, por realizar el proyecto gráfico del libro.

A mis amigas del alma: Elisabetta Martelloni, Gaia Nanni, Barbara Gallorini, Giulia Ursenna Dorati, La Tram, Monica Raveggi, Maddalena Carrai.

Y también, en orden aleatorio, a Jack (alias Giacomo Guccinelli), mi brazo izquierdo en todo; a mi psicóloga, Rita Siani; al Grande Jambo, Fra, Uzz, Gud, Emi, Fox y Ric.

A mis profesoras del instituto: Maria Pezzati, Ida Biondi, Marina Gulisano. A Sergio Vitale y a Gianluca Lisi. A mi *youtuber* favorito: Lamberto Giannini (seguidlo, tiene un canal de filosofía con las clases que imparte en el instituto, se llama *Lambe Canale*). A todos los que he conocido gracias a TheSign Academy: especialmente a Sara Sasi, Marco Bianchini, Vanessa Petrucci, Tania Boccalini, Samantha Binazzi, Ilaria Baldassari, Giada Tomassi.

A Sualzo, Silvia Vecchini y Teresa Porcella.

A Lucia Mattioli, Silvano Mezzatesta y Lorenzo Susi, que siempre me ayudan con los dibujos.

A dos ejemplos extraordinarios: Francesco Lilli y Luca Arletti. Gracias por el dolor que habéis compartido conmigo. Sois la prueba de que el amor verdadero existe.

A los músicos que he escuchado mientras escribía el libro: Marco Morandi (¡que toca para mí desde hace 16 años!), Giovanni Truppi, Ex-Otago, Calcutta, Andrea Appino, Achille Lauro, Lo Stato Sociale, Brunori, Franz Ferdinand, AC/DC, Foo Fighters, Arctic Monkeys.

A Betta Persiani, que me ha permitido escribir muchos capítulos en su preciosa casa de Barcelona.

Al restaurante Il Clarinetto di Paolo Labonia, donde puedo pintar en las paredes mientras degusto auténticas exquisiteces. A Andrea, mi exmarido, y a su personal de Sand Hair Salon, que me tiñen el pelo con paciencia mientras yo dibujo. A New Essenza, con Sara y Giada, ¡ya saben ellas cuándo poner *Top Gun*!

A Roberto Benigni.

En cuanto a los personajes ahora inalcanzables a los que debo mucho:

Kurt Cobain, David Bowie, Shakespeare, Jung, Luciano De Crescenzo, Shultz, Carlo Collodi.

★ ÍNDICE ★